경복궁

궁궐로 떠나는 힐링여행

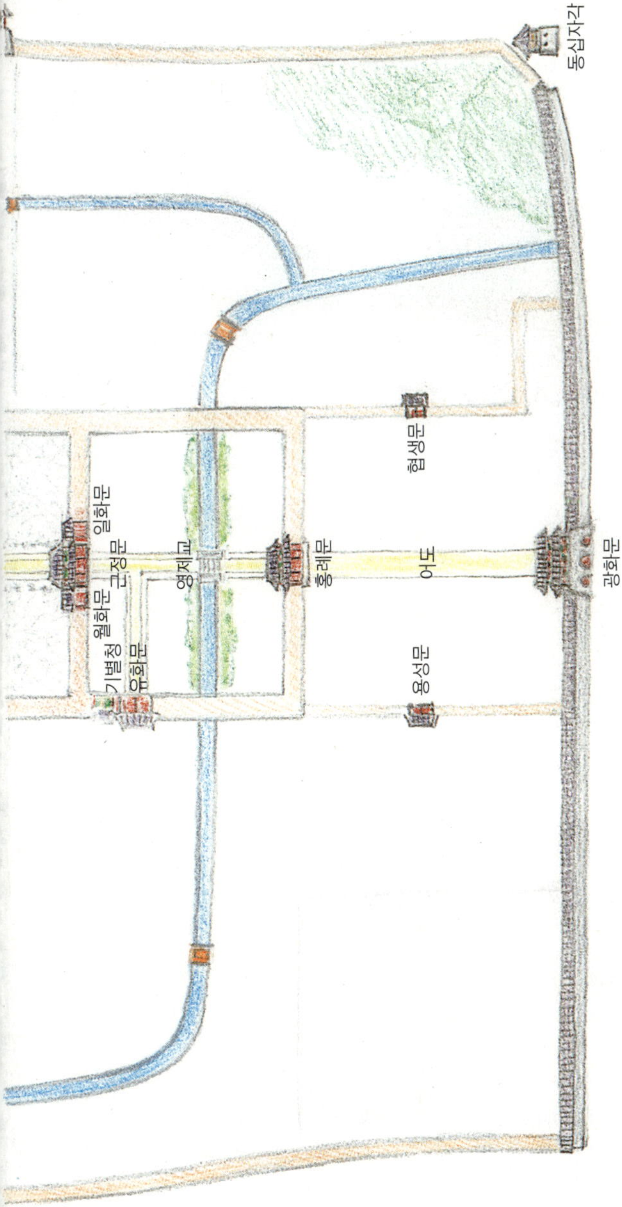

궁궐로 떠나는 힐링여행 : 경복궁

글·그림 이향우
감   수 나각순
사   진 허경희, 이향우

초판 1쇄 발행   2013년 4월 20일
초판 7쇄 발행   2023년 10월 25일
펴 낸 곳   인문산책
펴 낸 이   허경희

주   소   서울시 은평구 연서로 3가길 15-15, 202호(역촌동)
전화번호   02-383-9790
팩스번호   02-383-9791
전자우편   inmunwalk@naver.com
출판등록   2009년 9월 1일 제2012-000024호

ⓒ 이향우, 2013

ISBN 978-89-998259-02-0 03910

이 책은 지은이와 출판사의 동의 없이 무단전재 및 복제를 금합니다.

값은 뒤표지에 있습니다.

이 도서의 국립중앙도서관 출판시도서목록(CIP)은 서지정보유통지원시스템 홈페이지
(http://seoji.nl.go.kr)와 국가자료공동목록시스템(http://www.nl.go.kr/kolisnet)에서 이용
하실 수 있습니다. (CIP제어번호: CIP2013002366)

인문여행시리즈 ⑦

경복궁

궁궐로 떠나는 **힐링여행**

글·그림 이향우 | 감수 나각순

인문산책

차례

일러두기 … 6

저자의 말 : 궁궐, 아름다운 감성을 일깨우다 … 7

1. 광화문 가는 길 …10
2. 영제교를 건너다 … 64
3. 근정전, 태평성대를 꿈꾸다 … 76
4. 사정전, 백성을 생각하다 … 114
5. 수정전, 집현전 학사를 만나다 … 130
6. 경회루, 연회를 베풀다 … 138
7. 강녕전, 왕의 시어소 … 160
8. 교태전, 왕비의 시어소 … 182

9. **자경전** 꽃담에 취하다 … 214
10. **자선당**, 세자를 위하여 … 244
11. **함화당과 집경당**, 사색을 즐기다 … 256
12. **향원정** 연꽃 향기에 실리다 … 266
13. **건청궁**, 친정을 펼치다 … 282
14. **집옥재**, 근대사를 생각하다 … 306
15. **태원전**, 하늘의 이치를 따르다 … 320

부록
경복궁 십경 … 332
경복궁 복원의 역사 … 335
경복궁 연표 … 337
조선왕조 가계도 … 340

참고문헌 … 342

일러두기

1. 사진은 출판사와 저자가 함께 작업한 후 선별하여 수록했다.
2. 사진에 협조해주신 분들의 사진 자료들은 다음과 같다.
   구본실(69쪽, 78쪽, 86쪽, 132쪽, 220쪽),
   오세화(19쪽, 136쪽), 진수옥(201쪽)
3. 경복궁 내부 사진 촬영은 경복궁 관리사무소의 협조로 이루어졌다.
4. 참고문헌은 본문 뒤에 밝혀두었다.
5. 궁궐 지도는 궁궐 본래의 모습과 현재의 복원 상태를 고려하여 저자의 주관적인 생각을 바탕으로 그려졌다.
6. 흑백 자료사진은 국립중앙박물관의 협조를 받아 수록했다.

저자의 말

궁궐, 아름다운 감성을 일깨우다

서울의 궁궐은 많은 사람들이 사랑하고 자주 찾는 우리의 소중한 문화유산입니다. 궁궐은 오랜 역사를 간직하고 있고, 그곳에 살았던 옛사람들의 향기가 묻어나는 아름다운 곳입니다. 궁궐을 찾아오는 사람들의 모양은 제각각입니다. 바쁜 시간에 쫓겨 허둥지둥 남의 집 잠깐 들여다보듯 총총걸음으로 지나치는 사람도 있고, 왁자하게 끌려와서 건물만 대충 기웃거리다 가는 사람들도 있습니다. 그런 관람객들을 볼 때는 안타까운 마음이 들기도 합니다.

저는 이번 글을 행복한 날들의 기록이라고 말합니다. 14년 전 궁궐이 제 마음에 다가와 저를 매료시켰고, 그 행복한 감흥을 궁궐을 찾아온 많은 사람들과 함께 해왔기 때문입니다. 제 눈에 비쳐진 궁궐은 오랜 세월 역사 속에 묻힌 채 그 기록으로만 접근하는 고리타분한 공간이 아니라, 그곳에 살았던 옛사람의 향기와 함께 숨 쉬는 공간입니다.

학창시절 김리나 선생의 한국미술사 석굴암 강의에 빠져들었고, 최순우 선생의 글을 통해 우리 문화의 아름다움에 눈뜨던 설렘이 있었지요. 그러나 무엇보다 미술을 전공한 제가 궁궐의 역사 속으로 제 스스로 걸어 들어가게 된 계기는 20여 년 전 유홍준 선생의 《나의 문화유산답사기》가 저의 영혼을 강타했던 순간부터라고 말해야겠습니다. 책

경복궁의 후원, 향원정 가는 길

한 권을 들고 경주 일대를 샅샅이 음미하며 따라가던 그 강렬했던 쾌감은 아직도 생생합니다. 저는 그 즐거움을 하나라도 놓치기 싫어하는 지독한 열정으로 학생들에게, 심지어는 가족에게까지 나의 열정을 공유해줄 것을 강요하다시피 그들을 끌고 다녔지요. 저에게 궁궐은 그 당시의 열정을 고스란히 연장시켜주는 현재진행형의 고리입니다.

　궁궐지킴이가 되기 위한 교육 과정은 그동안 무심히 지나치던 서울 시내 한복판에 퇴락한 옛집의 형태로 있던 궁궐을 지극한 애정으로 다시 보게 만들었습니다. 드디어 오랜 먼지 속에 묻혀 있던 옛사람들이 우리에게 들려주는 이야기의 실마리가 풀려나오는 순간이었습니다. 마치 일제강점기에 이리저리 살이 찢겨 나가 부서진 공간 안에 숨어 있던 옛사람들과 만나게 되는 퍼즐 조각을 찾아낸 기분이었지요.

궁궐은 각각의 사람들이 바라볼 때마다 늘 다른 매력으로 우리를 설레게 합니다. 이곳에서 정도전을 만나고, 집현전 학사들을 만나고, 근정전을 엄숙하고 충직한 마음으로 지키고 있는 돌짐승들도 만납니다. 그리고 소나무 숲에 이는 바람소리, 백악에 걸린 구름도 만납니다. 저는 오늘도 여러분들에게 저와 같이 느끼고 마음 설레기를 강요하고 있는지도 모릅니다. 그러나 이번 궁궐 이야기를 통해 저와 함께 여행하는 동안 여러분은 결국 제가 느꼈던 감흥에 전염되겠지요. 그리고 여러분을 향한 이런 무작정의 강요를 눈치 보지 않고 충직하게 실행하고 있는 나라는 사람을 이해해줄 수도 있으리라 생각합니다. 이번 글은 순전히 우리 궁궐이 지닌 향기로 이렇게도 가슴 설레게 하는 아름다운 감성을 여러분에게 안겨드릴 목적으로 시작하게 되었습니다.

마지막으로 이 글을 마무리하기까지 각종 자료 수집에 도움을 주신 경복궁관리소에 감사드립니다. 늘 격려와 응원을 아끼지 않은 우리 궁궐지킴이 동료들과 관련 학계의 여러분들께서 많은 도움을 주셨습니다. 또한 그 동안 저의 봉사활동과 공부를 적극 도와주고 이해해 준 가족의 사랑을 말하지 않을 수 없습니다. 그리고 우리 문화유산에 대한 저의 애정 어린 고집을 버리지 않고 귀하게 모아 책으로 엮어주신 인문산책 허경희 대표에게 감사드립니다.

2013년 4월 양평 화양리에서
이향우

1 광화문 가는 길

{ 경복궁 화첩을 펼치며… }

경복궁에 가던 날, 나를 따라서 광화문 궁장 안으로 날아든 나비 한 마리

 ## 우리, 경복궁 산책할래요?

　경복궁 전각 지붕의 우아한 현수곡선(懸垂曲線)과 화사한 꽃담에서 옛사람들의 이야기를 읽어보시겠습니까. 그리고 봄날 자미당 터의 살구꽃 흰 꽃잎이 난분분 흩날리는 풍경을 오늘 이 자리에 있는 당신의 마음에 그려보시기 바랍니다. 경회루 2층 누마루를 거닐다 바람결에 들려오는 수제천을 들으며 낙양각이 그려낸 버들가지 흥청거리는 여름날의 한가한 풍류를 찾아보는 것도 좋겠지요. 그 옛날 긴 행각을 거닐었던 새앙머리 생각시들의 옷깃 스치는 소리와 수줍은 웃음소리, 사분거리는 발걸음소리가 이끄는 곳, 교태전 담장 안 아미산의 함월지에 머무는 달빛이 되어 가을 국화 향기에 내 마음도 취하는 듯합니다. 나는 취향교의 연꽃 향기 스러진 겨울, 향원정의 나뭇가지에 쌓이는 흰 눈이고 싶습니다. 그리고 다시 매화향 그윽한 이른 봄이 오면 꽃담의 매화가지에 앉은 어린 새의 맑은 울음소리와 대숲에 이는 바람소리를 듣겠지요.

　경복궁(景福宮)은 조선왕조 최초의 궁궐이자 흥선대원군 이하응에 의해 중건된 전통 궁궐 건축 최후의 작품입니다. 사실 경복궁을 관람하는 방법은 여러 가지가 있겠지요. 문화적·역사적 흐름을 알기 위해 궁궐의 모습을 여러 측면에서 꼼꼼하게 탐구할 수도 있고, 그냥 한가로이 즐기는 기분으로 호젓하게 시간을 보낼 수도 있습니다. 궁궐의 문화를 잘 아는 전문 해설사의 안내를 받는 것도 좋은 일이겠으나, 누군가와의 동행은 자유롭지 못한 생각이 들 때가 있습니다. 궁궐 나들이를 해본 경험자로서 도움이 될 만한 제안을 하나 하자면, 다른 사람의 방해를 받지 않고 산책을 하면서 즐기는 궁궐 답사도 꽤 운치가 있습니다.

저는 궁궐에 갈 때마다 나만의 시간을 가지고 마음으로 느끼려고 합니다. 궁궐에서의 시간은 그 자체가 정지된 느낌을 줄 수도 있으나 그러한 생각은 궁궐을 한두 번 가서 대충 보았기 때문이라고 생각합니다. 궁궐이 얼마나 아름답고 매번 다른 모습으로 우리에게 다가오는지는 여러 번 가본 사람만이 알 수 있습니다. 봄·여름·가을·겨울에 보이는 모습이 다르고, 날씨에 따라서도 매번 다른 내 마음의 풍경을 그려낼 수 있는 곳이 서울 한복판에 있는 궁궐입니다. 비 오는 궁궐의 풍경이 주는 진한 감동은 그 느낌이 설령 쓸쓸함이라 해도 저는 애써 그 우수를 즐깁니다. 그곳에서 살았던 옛 사람들의 정취를 만나고 싶고, 그들과의 교감을 통하여 그들이 느꼈던 기쁨과 슬픔까지도 함께하고 싶은 생각에서이겠지요. 그리고 그 옛날 그곳에 있던 사람들의 마음을 함께 느끼고 그들의 생활 속으로 함께 들어가고 싶어 합니다.

그러나 나만의 시간을 즐기는 여유는 내가 그곳에서 무언가를 찾아낼 수 있고 읽을 수 있는 안목이 생겼을 때 가능합니다. 왜냐하면 역사 속에 꼭꼭 숨어버린 그들을 불러내려면 우리가 먼저 그들 곁으로 다가가야 하기 때문입니다. 책에서는 굳이 심오한 역사적인 해석을 하려 하지 않았습니다. 그리고 철학의 무거운 개념보다는 지금 내가 있는 위치에서 옛사람들과 그들의 공간을 공유하고 느낄 수 있기를 바랍니다. 나만의 여유를 지닌 궁궐 산책을 원하는 당신에게 마음의 그림을 담은 경복궁 나들이를 권합니다.

계절마다 보이는 모습이 다르고, 날씨에 따라서도 매번 다른
내 마음의 풍경을 그려낼 수 있는 곳이 서울 한복판에 있는 궁궐입니다.

옛 한양의 모습을 그린 〈수선전도〉

 조선왕조 새 역사를 쓰다

    조선왕조는 1392년 7월 17일 태조 이성계가 개경의 수창궁에서 즉위하면서 500년의 새 역사를 기록하기 시작했습니다. 태조는 즉위 후, 구세력의 근거지로부터 벗어나기 위하여 고려의 500년 도읍지였던 개경에서 새 도읍지로의 천도를 계획하게 되었습니다. 1394년 8월 도평의사사(都評議使司)로 하여금 한양(漢陽)을 새 도읍지로 정하게 하고, 그해 9월 1일 신도궁궐조성도감(新都宮闕造成都監)을 설치했습니다. 곧이어 종묘와 사직과 궁궐터를 정하고, 그해 10월 25일 역사적인 한양 천도를 단행했습니다. 이처럼 새로운 왕조의 개국과 더불어 새 도읍지를 정하고 국가의 중요한 시설물인 종묘와 사직, 그리고 궁궐을 짓게 된 배경에는 역성혁명으로 흩어진 민심을 추스르기 위한 정치적 의도와 함께 시대적 필요성에 의한 조처라고 볼 수 있습니다.

    조선왕조가 새 도읍지로 선택한 한양 땅은 한반도의 ✿백두대간을 근간으로 한북정맥의 줄기인 삼각산(북한산)과 한남정맥 줄기인 관악산이 한강을 가운데 두고 마주보는 위치에 해당하는 넓은 분지 형태로 한반도의 중심부에 있습니다. 한북정맥은 백두산에서 출발하는 맥이 백두대간의 등줄기를 타고 남으로 내리닫다가 원산 지난 중간 분수령에서 한 갈래를 만들어 서남쪽으로 뻗으니 곧 포천·양주·고양·교하에 이르는 한강 북쪽의 산줄기입니다.

한양의 입지 조건은 ✿외사산(外四山)과 ✿내사산(內四山)으로 둘러싸여 전쟁과 왜적의 방어에 유리한 지형을 갖추고 있으며, 약 18킬로미터의 한양 도성을 중심으로 청계천이 외수인 한강과 합수하여 서해로 빠져나가는 물길을 형성하고 있어서

조선시대 한양 도성도

수운(水運)에 의한 교통이 편리한 곳입니다. 즉 한양은 지형적 입지로 살펴보았을 때 당시 조선왕조의 도읍지로 손색이 없는 정치·경제·교통·국방의 요충지로서의 제반 여건을 고루 갖춘 천혜의 요충지였던 것입니다.

✿ **백두대간** : 백두대간 줄기, 즉 백두산에서 뻗어 내린 큰 줄기라는 의미를 뜻하며, 백두산에서 시작하여 금강산, 설악산, 태백산, 소백산을 거쳐 지리산으로 이어지는 큰 산줄기를 말한다. 즉, 한반도의 뼈대를 이루는 산줄기로, 서해와 동해·낙동강 수계의 분수령이 된다. 이 산줄기는 백두산에서 시작하여 동쪽 해안선을 따라 남쪽 지리산까지 이어진다. 총길이가 1,625킬로미터이고, 지리산에서 금강산 향로봉까지의 남한 구간만 해도 690킬로미터에 이른다. 각 지방을 구분 짓는 경계선은 삼국시대에는 국경으로, 조선시대에는 행정 경계로 쓰였다. 그리고 각지의 언어와 풍습 등이 나누어지는 기준도 되었다. 백두대간은 한국의 풍속, 언어 등을 이해하는 바탕이 된 것이다. 조선 영조 때의 실학자인 신경준이 쓴 《산경표山經表》에는 한반도의 산줄기들을 분수계를 기준으로 대간(大幹)과 정간(正幹), 정맥(正脈)으로 나타냈다.
✿ **외사산** : 삼각산(북한산), 아차산(용마봉), 관악산, 덕양산
✿ **내사산** : 백악(북악산), 타락산(낙산), 목멱산(남산), 인왕산

경복이라 이름 짓다

경복궁은 조선왕조가 한양에 세운 다섯 궁궐 중 최초의 궁궐입니다. 한북정맥은 도봉과 삼각산을 이루고, 삼각산의 한 줄기는 백악이 되고, 경복궁은 그 백악을 주산으로 기대어 지은 궁궐입니다. 경복궁은 주산인 백악(白岳)의 남쪽에 임좌병향(壬坐丙向 : 북북서에 앉아 남남동을 바라보는 향)으로 자리를 잡았습니다. 백악을 주산으로 하여 지은 경복궁의 배치는 남북 직선축 상에 중심 건물을 나란히 배치하고, 엄격한 좌우대칭의 구

남북을 축으로 일직선상으로 배치된 경복궁 전경

조를 이룹니다. 경복궁은 새로운 왕조의 이상인 성리학적 세계관을 건축적으로 표현한 조선왕조 최대의 프로젝트였습니다.

경복궁의 이름 '경복(景福)'은 '큰 복'이라는 뜻으로 태조의 명을 받아 정도전(鄭道傳)이 지었습니다. 《시경詩經》의 〈주아周雅〉 편 기취(旣醉)라는 시에 "이미 술에 마음껏 취하고 덕에 배가 불렀으니 군자는 만년토록 큰 복을 누리리라(旣醉以酒 旣飽以德 君子萬年 介爾景福)"는 구절에서 새 궁궐의 이름을 '경복'이라고 했습니다. 이는 임금과 자손들이 만년토록 태평을 누릴 것이며, 임금의 은덕과 어진 정치로 인해 모든 백성들이 아무런 걱정 없이 살아간다는 뜻으로 왕조가 큰 복을 누리며 번성하기를 기리는 의미가 담겨 있습니다.

● 태조 4년(1395) 10월 7일 2번째 기사

판삼사사 정도전에게 분부하여 새 궁궐의 여러 전각의 이름을 짓게 하니, 정도전이 이름을 짓고 아울러 이름 지은 의의를 써서 올렸다. 새 궁궐을 경복궁이라 하고, 연침을 강녕전이라 하고, 동쪽에 있는 소침을 연생전이라 하고, 서쪽에 있는 소침을 경성전이라 하고, 연침의 남쪽을 사정전이라 하고, 또 그 남쪽을 근정전이라 하고, 동루(東樓)를 융문루라 하고, 서루(西樓)를 융무루라 하고, 전문(殿門)을 근정문이라 하며, 남쪽에 있는 문[午門]을 정문(正門)이라 하였다. 그 경복궁에 대하여 말하였다. "신이 살펴보건대, 궁궐이란 것은 임금이 정사하는 곳이요, 사방에서 우러러보는 곳입니다. 신민(臣民)들이 다 조성(造成)한 바이므로, 그 제도를 장엄하게 하여 존엄성을 보이게 하고, 그 명칭을 아름답게 하여 보고 감동되게 하여야 합니다. …(중략)…신이 분부를 받자와 삼가 손을 모으고 머리를 조아려 《시경詩經》 〈주아周雅〉에 있는 '이미 술에 취하고 이미 덕에 배부르니 군자는 영원토록 그대의 크나큰 복을 누리리라'라는 시를 외우고, 새 궁궐을 경복궁이라고 이름 짓기를 청하오니, 전하와 자손께서 만년 태평의 업을 누리시옵고, 사방의 신민으로 하여금 길이 보고 느끼게 하옵니다."

주작이 그려진 광화문 가운데 홍예로 들어온 홍례문과 백악이 일품입니다.

 ## 다섯 궁궐과 양궐체제

　왕이 사는 궁궐이란 어떤 곳이었을까요. 궁궐은 궁(宮)과 궐(闕)을 합친 말입니다. 궁은 왕을 비롯한 왕실 가족 및 궁궐 사람들이 사용하는 건물을 뜻하고, 궐은 건물을 에워싼 궁장과 출입문 좌우에 설치했던 망루(望樓)를 가리킵니다.

　우리나라 궁궐은 고대 중국 궁궐제도의 규범인 《주례周禮》〈고공기考工記〉를 기본으로 삼고 있는데, 이것은 조선시대 이후로 유교사상을 중시해왔기 때문에 유교적 군주관을 정치의 이상으로 여겼던 중국 주나라시대의 궁궐 건축에 관한 제도를 받아들인 것입니다. 그러나 조선왕조는 궁궐 조성에 있어서 이러한 규정을 어겨서는 안 될 원칙으로 삼아 철저히 따르기보다는 이상적 규범의 예로 받아들여서 대체로 자연지형이나 그 밖의 형편에 따라 합리적으로 적용했음을 볼 수 있습니다.

　1392년 고려의 500년 도읍지였던 개경에서 조선을 건국한 태조(재위 1392~1398)는 1394년 한양 천도를 단행하고, 그 이듬해인 1395년 경복궁과 종묘를 지었습니다. 경복궁의 왼쪽(동쪽)에 국가 사당인 종묘를 두고, 오른쪽(서쪽)에 사직단을 두었는데, 이를 좌묘우사(左廟右社)라고 합니다. 종묘에 왕의 조상의 신위를 모시고 제사를 지내고, 사직단에서 토지와 곡식의 신에게 나라의 번영과 안위를 빌었습니다. 태조가 고려의 수도

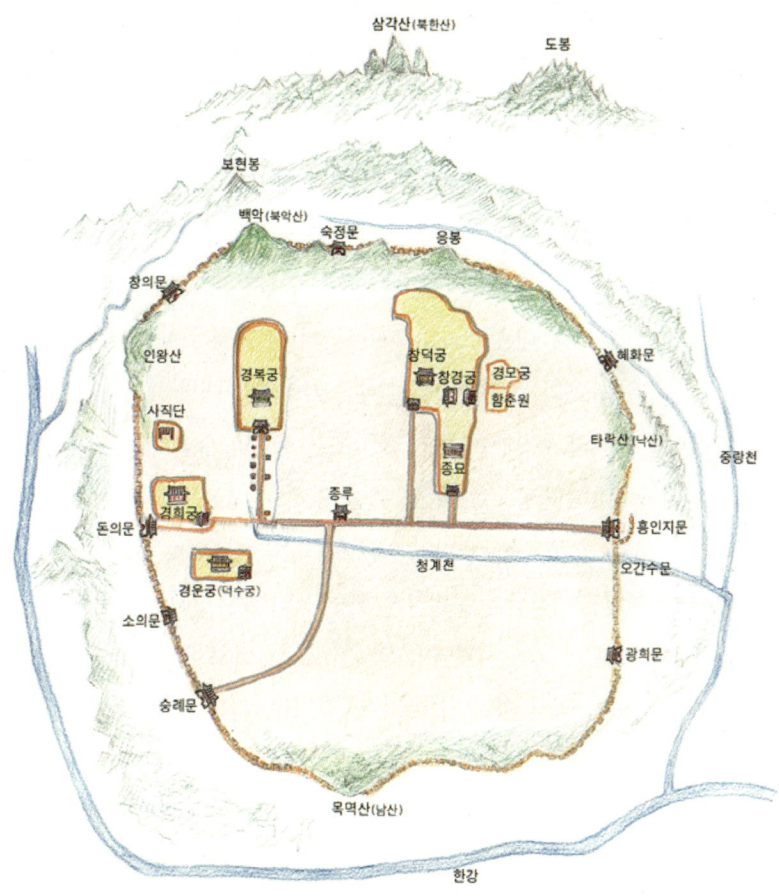

다섯 궁궐이 있는 도성도

였던 개경에서 건국한 이후, 고려의 기존 세력권으로부터 벗어나 새로운 정치 이념을 실현하고자 한양 천도를 단행하여 지은 경복궁은 조선 왕조 첫 번째 법궁(法宮)입니다.

태조는 다섯째 아들 이방원이 주도한 ✿제1차 왕자의 난(1398년, 태조

7년)으로 둘째 아들 정종에게 왕위를 물려주고 상왕으로 나앉았습니다. 2대 정종(재위 1398~1400)은 어머니 신의왕후 한씨의 능을 참배하러 개경에 갔다가 그곳에 그대로 머무르게 되었습니다. 정종에 의한 개경 환도였습니다. 그 후 이방원은 자신의 정적이었던 형 방간을 제거하는 ✿제2차 왕자의 난(정종 2년, 1400년)을 일으켜 세자가 되었습니다. 실질적인 권한을 장악한 그는 아버지와의 관계를 개선하고 정종으로부터 왕위를 물려받으니 바로 3대 태종(재위 1400~1418)입니다.

태종은 부왕 태조의 뜻을 받들어 일부 신료들의 반대를 물리치고 한양 재천도를 강력히 추진했습니다. 조선 초기 정종의 개경 환도를 거쳐 태종 5년(1405) 다시 한양으로 재천도했을 때 그는 향교동에 새 궁궐인 창덕궁(昌德宮)을 이궁(離宮)으로 짓고 이어(移御 : 임금이 거처하는 곳을 옮김)하는 한편, 황폐해진 경복궁을 수리하게 했습니다. 태종이 그의 이복형제들과 정적 정도전을 죽였던 기억이 생생한 경복궁으로 임어(臨御 : 임금이 그 자리에 왕림함)하기를 꺼린 것으로 추정할 수 있지요. 경복궁은 1395년 창건 후부터 조선왕조의 법궁으로 쓰였고, 1405년 지어진 창덕궁이 이궁으로 쓰였습니다.

> ✿ **제1차 왕자의 난** : 태조가 계비 강씨의 소생인 제8남 방석을 세자로 삼자, 이에 불만을 품은 정원군 방원이 세자 방석과 방번까지 살해함으로써 일어난 왕자의 난이다. 이 변란으로 방원 일파와 권력 다툼 속에 있던 정도전이 논죄되었고, 전비 한씨 소생의 제2남 방과(정종)에게 세자 자리가 양보되었다.
>
> ✿ **제2차 왕자의 난** : 태조의 제4남 방간이 왕의 계승에 대한 야심으로 변을 일으켰으나 실패하여 유배되었고, 정종은 방원을 세자로 삼은 후 1400년 11월에 양위하였다. 이틀 후 방원은 수창궁에서 3대 왕 태종으로 즉위하였다.

경복궁이 조선왕조의 법궁다운 규모를 갖추게 된 것은 4대 세종(재위 1418~1450)이 경복궁에 본격적으로 임어하면서부터입니다. 세종은 재위 기간 동안 궁내의 전각을 새로 짓거나 대대적으로 중수했습니다. 세종이 경복궁 근정전에서 즉위한 후에는 왕이 자주 경복궁에 임어했고, 궐내의 건물도 증축하거나 수리했습니다. 이후 성종 대에는 왕실 가족을 위한 생활공간의 확장으로 창덕궁에 잇대어 창경궁을 짓고 경복궁을 법궁으로, 창덕궁과 창경궁을 이궁으로 썼습니다. 경복궁을 법궁으로 삼은 궁궐체제는 세종과 성종 대에 걸쳐 그 틀과 격식을 갖추게 되었습니다.

지금 서울에는 조선시대에 법궁이나 이궁으로 쓰였던 다섯 개의 궁궐이 남아 있는데, 북궐로도 불린 경복궁(景福宮), 동궐인 창덕궁(昌德宮)과 창경궁(昌慶宮), 그리고 서궐인 경희궁(慶熙宮), 서궁으로 불린 경운궁(慶運宮 : 덕수궁)입니다. 조선왕조가 이 다섯 궁궐을 모두 동시에 운영했던 것은 아니고 시기적으로 번갈아 사용하다 폐쇄하기도 하고, 또 새로 지어 오늘에 다섯 궁궐이 남게 된 것입니다.

조선왕조의 궁궐 경영방식은 크게 법궁과 이궁의 양궐(兩闕) 체제로 볼 수 있습니다. 조선의 국왕들은 늘 두 궁궐을 번갈아 오가면서 지냈습니다. 법궁은 왕이 주로 머물면서 정사를 돌보던 핵심 궁궐을 말하고, 이궁은 왕의 필요에 따라 옮겨 갈 수 있는 여벌의 궁궐을 말합니다. 정치적 이유에서뿐 아니라 자연 상황에 의한 전염병과 같은 질병의 발생, 또는 왕의 개인적인 이유도 이에 포함되었습니다.

 # 경복궁 중건과 일제강점기

　조선왕조의 궁궐 운영체제는 임진왜란으로 그 전환점을 맞이하게 됩니다. 조선 중기 선조 25년(1592) 임진왜란으로 한양의 모든 궁궐이 불탔고, 몽진(蒙塵)에서 한양으로 돌아온 선조는 임시로 정릉동에 있던 월산대군의 사저를 행궁(경운궁)으로 사용하다가 그곳에서 승하했습니다. 선조에 이어 즉위한 광해군(재위 1608~1623)은 즉위 후 우선 창덕궁을 먼저 재건하고, 이어서 창경궁을 지었습니다. 전쟁이 끝난 후 경복궁을 복원하려 했으나 풍수지리적으로 경복궁 터가 불길하다는 당시 술사(術士)들의 의견에 솔깃했던 광해군은 창덕궁과 창경궁을 중건하고 경덕궁(경희궁)을 영건했습니다.
　자신의 왕위에 대한 입지가 불안했던 광해군은 선조의 적자인 영창대군을 강화도에 안치했다가 살해하고, 계모인 인목대비를 서궁(경운궁)에 유폐시켰습니다. 광해군 본인 역시 한동안 창덕궁에 가기를 꺼리다가 1615년에야 창덕궁에 임어했습니다. 광해군은 이어서 1623년 경덕궁을 무리하게 창건했으나, 이듬해 인조반정(仁祖反正)으로 퇴위당하고 말았습니다. 동궐인 창덕궁과 창경궁을 법궁으로 사용하고 서궐인 경희궁이 이궁이 되는 양궐체제가 임진왜란 이후 조선의 궁궐 운영체제입니다. 창덕궁을 법궁으로, 경희궁을 이궁으로 쓰던 양궐체제는 이후 경복궁이 다시 중건되기까지 약 270여 년간 계속되었습니다. 즉, 고종

대에 경복궁이 다시 중건되기 전까지 경복궁은 273년 동안 폐허로 버려져 있었던 것입니다.

경복궁은 고종(재위 1863~1907)이 즉위한 후 대왕대비(신정왕후)의 명을 받들어 생부 흥선대원군에 의해 중건되기 시작했습니다. 《고종실록》에 따르면 경복궁 중건에 대한 발표는 고종 2년(1865) 2월 9일 대왕대비가 하교를 내려 흥선대원군에게 중건의 역사를 맡겼다는 기록이 있습니다. 임진왜란으로 경복궁이 불탄 이후 역대 많은 왕들이 경복궁 중건에 대한 의지를 버리지는 않았으나 여러 가지 사정으로 실행에 옮기지 못해왔던 터에 경복궁 중건은 바야흐로 왕실의 권위를 되살리는 국가적 대역사의 시작이었습니다. 이 과정에서 당연히 과도한 재정적 부담과 무리한 공역으로 인한 백성들의 원성도 높았을 터이지만 이로써 흥

월대가 보이는 광화문 전경 (국립중앙박물관 소장)
광화문이 이전되기 전, 조선총독부청사 착공 직후에 찍은 것으로 추정된다.

선대원군은 경복궁 영건을 주도하면서 왕의 배후에서 권력을 장악했습니다. 흥선대원군은 경복궁이라는 조선왕조의 상징물을 중건하여 왕권의 건재함을 대내외에 과시하고 이를 바탕으로 외세를 견제하려 했습니다.

드디어 고종 5년(1868) 역사상 가장 장대한 규모로 경복궁 중건이 마무리 되었고, 그해 7월 2일 고종이 왕실 가족과 함께 창덕궁에서 경복궁으로 이어하면서 경복궁은 다시 조선 왕조의 법궁이 되었습니다. 그리고 12세의 어린 나이로 왕위에 올랐던 고종은 이후 아버지 흥선대원군의 영향력에서 벗어나고자 하는 자립의지의 표방으로 재위 10년(1873) 향원정 뒤편에 건청궁(乾淸宮)을 짓고 그곳에서 본격적인 친정체제에 들어갔습니다.

● 고종 5년(1868) 7월 2일 1번째 기사
경복궁으로 이어하였다. 대왕대비전·왕대비전·대비전·중궁전도 함께 이어하였다. 전교하기를, "법궁을 영건한 지 겨우 40개월 가량밖에 되지 않는데 지금 벌써 이어하게 되었다. 300년 동안 미처 하지 못하던 일을 이렇게 완공하였으니, 그 기쁘고 다행한 마음을 이루 다 말할 수 있겠는가?…(중략)… 또 전교하기를, "법궁이 완공되어 정식으로 이어하게 되었다. 국초(國初)에 영건한 공로가 봉화백(奉化伯) 정도전, 의성부원군 남은, 영의정 이직, 청성백 심덕부에게 있다는 것을 영원히 잊을 수 없으니, 이제 오랜 나라의 운수가 새로워지는 때를 당해서 성의를 보이는 조처가 없을 수 없다. 그들의 무덤에 다 같이 지방관들을 보내어 치제(致祭)하도록 하라" 하였다.

그러나 1800년대 말부터 조선왕조는 외세의 간섭에 시달렸고, 이후 청일전쟁(1894~1895년)에서 승리한 일본이 1895년 경복궁 내 건청궁에서 왕후를 시해하는 사건(을미사변)이 일어나자 신변의 위협을 느낀 고종

시정오년기념 조선물산공진회장 전경
일제가 1915년에 경복궁을 훼손하면서 개최했던 조선물산공진회장 배치도.
1909년부터 궁 안의 건물들이 민간에 불하되었는데, 1915년 조선물산공진회를 개최하면서 경복궁 건물의 3분의 1을 헐어냈다.

은 이듬해 2월 11일 왕세자를 데리고 정동에 있는 러시아 공사관으로 아관파천을 단행했습니다. 바야흐로 경복궁은 주인 없는 궁이 되었고, 조선왕조의 법궁으로서의 기능을 상실하는 비운을 맞게 되었습니다.

고종은 1년간 러시아 공사관에 머무는 동안 경운궁을 수리하여 1897년(광무 1년) 이어하고, 그해 8월 14일 국호를 대한제국으로 바꾸고 황제로 즉위했습니다. 그러나 조선의 새로운 도약을 꿈꾸던 황제는 1907년 7월 19일 헤이그 특사사건을 빌미로 일제에 의해 강제 퇴위를 당했습니다. 1907년 8월 27일 순종이 경운궁의 돈덕전(敦德殿)에서 즉위하여 그해 11월 창덕궁으로 이어했고, 경운궁은 고종이 상왕으로 물러나 머물면서 덕수궁(德壽宮)으로 이름을 바꾸게 되었습니다.

1910년(융희 4년) 8월 22일 일제의 강압에 의한, 이른바 한일합병조약이 강제 조인됨으로써 조선의 국권을 강탈당한 후, 1915년 시정오년기념 ✿조선물산공진회(始政五年記念 朝鮮物産共進會)를 계기로 일제의 본격적인 궁궐 파괴가 시작되었습니다. 경복궁은 1915년 무렵부터 일제에 의해 철저히 파괴되었고, 1935년부터는 일반에게 놀이공원으로 공개되는 운명에 놓이게 되었습니다.

> ✿ **조선물산공진회** : 1915년의 공진회는 조선의 산업을 진작시킴과 동시에 식민지 경영의 성과를 과시하기 위한 일제의 정치적인 의미를 내포하고 있었다. 짧은 시간에 넓은 전시공간을 확보해야 하는 박람회장은 도시 외곽이나 근교에 마련되는 것이 보통이었으나, 일제는 공진회를 경성 한복판, 조선의 법궁이었던 경복궁에서 개최하면서 고종 때 복원한 경복궁의 전각들을 철거하여 조선 왕실의 왕권을 격하시켰다. 일제는 공진회를 통해 근대화된 경성의 모습을 만천하에 과시함으로써 낙후된 조선의 발전을 도모하고 보호한다는 식민지배의 정당성을 확보하고자 한 것이다.

 ## 유교적 이상을 표현한 경복궁

조선의 궁궐을 이해하려면 그 출발점을 경복궁에 두어야 한다고 생각합니다. 경복궁이 조선왕조 최초의 궁궐이라는 의미뿐 아니라 궁궐의 조영(造營)에 있어서도 유교사회의 이상적인 군주관을 건축으로 표현한 엄격한 틀을 유지하고 있기 때문입니다. 경복궁의 전각 배치에서부터 문이나 건물의 이름을 짓는 데 이르기까지 그들의 유교적 이상을 경복궁 건축을 통해 보여주고 있습니다. 그럼 이제 경복궁이 어떻게 지어졌는지 그 공간 배치를 살펴보도록 할까요.

경복궁은 풍수지리의 개념으로 궁궐의 뒤에는 좌우로 병풍같은 산자락을 끼고 앞쪽으로 강줄기를 두는 배산임수의 지형을 택했습니다. 경복궁의 주산은 백악이고, 목멱산(南山)을 안산으로, 좌청룡(左靑龍)의 타락산(낙산), 우백호(右白虎)의 인왕산을 두었습니다. 좌우의 개념은 왕이 남면(南面 : 남쪽을 바라보고 앉음) 했을 때를 기준으로 합니다.

경복궁의 공간 조성은 전조후침(前朝後寢), 3문3조(三門三朝)의 원리를 따랐습니다. 궁궐의 앞쪽에 정치를 하는 치조(治朝) 공간을 두고, 뒤쪽에 왕을 비롯한 왕실 가족의 침전과 후원을 배치했습니다. 광화문에서 근정문까지를 외조(外朝)로, 근정문에서 사정전까지를 치조로, 그리고 강녕전과 교태전 일곽을 연조(燕朝)로 구분합니다.

● 태조 4년(1395) 9월 29일 6번째 기사
이달에 대묘(大廟)와 새 궁궐이 준공되었다. 대묘의 대실(大室)은 7칸이며 당(堂)은 같게 하고 실(室)은 따로 하였다. …(중략)… 새 궁궐은 연침(燕寢)이 7칸이다. 동서이방(東西耳房)이 각각 2칸씩이며, 북쪽으로 뚫린 행랑이 7칸, 북쪽 행랑이 25칸이다. 동쪽 구석에 연달아 있는 것이 3칸, 서쪽에 연달아 있는 누방(樓房)이 5칸이고, 남쪽으로 뚫린 행랑이 5칸, 동쪽의 소침(小寢)이 3칸이다. …(중략)… 정전(正殿)은 5칸으로 조회를 받는 곳으로 보평청의 남쪽에 있다. 상하층의 월대가 있는데, 들어가는 깊이가 50척, 넓이가 1백 12척 5촌(寸), 동계(東階)·서계(西階)·북계(北階)의 넓이가 각각 15척이다. …(중략)… 동서의 행랑은 각각 17칸씩이며, 수각(水閣)이 3칸, 뜰 가운데에 석교(石橋)가 있으니 도랑물 흐르는 곳이다. 문의 좌우의 행랑이 각각 17칸씩이며, 동서 각루가 각각 2칸씩이다. 동문을 일화문이라 하고, 서문을 월화문이라 한다. 그 밖에 주방·등촉방·인자방·상의원이며, 양전(兩殿)의 사옹방·상서사·승지방·내시다방·경흥부·중추원·삼군부와 동서누고(東西樓庫)가 무릇 3백 90여 칸이다. 뒤에 궁성을 쌓고 동문은 건춘문이라 하고, 서문은 영추문이라 하며, 남문은 광화문이라 했는데, 다락[樓] 3칸이 상·하층이 있고, 다락 위에 종과 북을 달아서 새벽과 저녁을 알리게 하고 중엄(中嚴)을 경계했으며, 문 남쪽 좌우에는 의정부·삼군부·육조·사헌부 등의 각사(各司) 공청이 벌여 있었다.

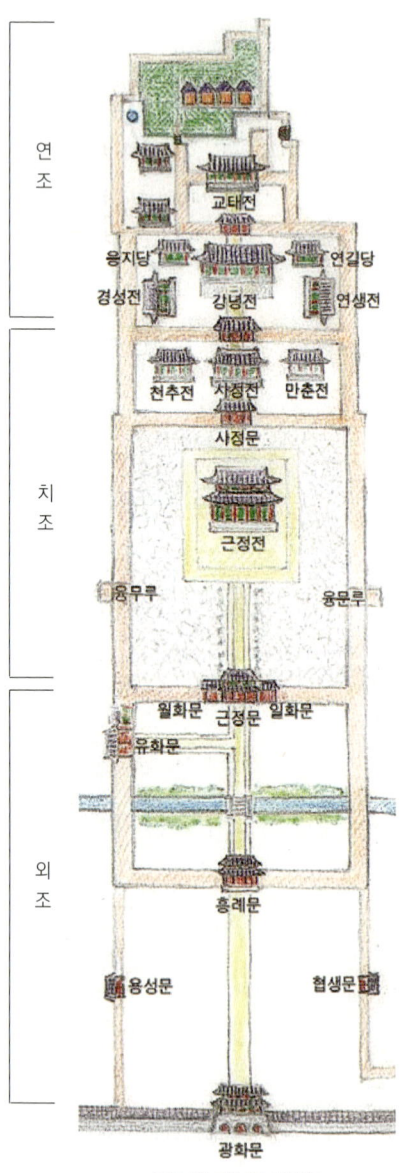

고종 때 경복궁 배치도

❖ 북궐도형

〈북궐도형〉은 경복궁과 경복궁의 후원을 배치도 형식으로 표현한 일종의 도면이다. 현재 알려져 있는 〈북궐도형〉은 국립문화재연구소 소장본 이외에도 규장각 소장본이 있다.

전체 크기는 가로 2,840㎜ × 세로 4,320㎜ 크기의 〈북궐도형〉과 가로 2,310㎜ × 세로 2,820㎜ 크기의 〈북궐후원도형〉으로 구성되어 있으며, 두루마리 형태로 제작되어 있다. 그러나 도형 내에 접혔던 사국이 있는 것으로 보아 원래 화첩으로 제작되어 있던 것을 펼쳐 배접한 후 두루마리로 만든 것으로 보인다.

〈북궐도형〉과 〈북궐후원도형〉은 따로 제작되어있긴 하지만 서로 연결하여 볼 수 있도록 연결되는 부분의 좌우로 각각 '북(北)'과 '궐(闕)'을 써넣어 표시했다.

〈북궐도형〉은 미색을 띠는 한지 위에 붉은 잉크로 가늘게 방안을 구성했는데, 이 방안 위에는 검은 잉크를 사용하여 각 건물의 평면을 단선으로 굵게 칸 수에 맞추어 그렸으며, 건물의 앞에는 건물의 명칭을 기입하고 매 칸마다 방(房), 청(廳), 퇴(退), 누(樓), 주(廚), 고(庫), 허(虛), 문(門), 측(厠) 및 월랑(月廊), 마랑(馬廊), 복도(複道), 창비(唱備) 등 실의 용도를 기입하였다. 이에 더하여 부가적으로 초익공 이상의 건물은 구조 양식과 주칸(柱間)을 병기하기도 했다. 특히 문자가 기입된 방향이 건물의 정면을 암시하고 있어 같은 행랑채에 구성된 것들이 어느 쪽에서 사용된 것인지를 구분할 수 있게 표기하고 있다.

〈북궐도형〉의 제작 시기는 정확하게 알 수는 없으나, 대략 1907년경에 작성된 것으로 추정하고 있다. 따라서 이 〈북궐도형〉은 대한제국 시기에 작성한 배치측량도로서 매우 귀중한 자료이다.

 ## 경복궁의 사대문과 망루

경복궁을 사방으로 에워싼 궁장의 동서남북에는 각각 큰 문이 있습니다. 《한경지략漢京識略》에는 다음과 같이 기록하고 있습니다.

경복궁은 북부 관광방(觀光坊) 남쪽에 있다. 조선 태조 3년에 궁성을 쌓고 사방 문을 세웠다. 동은 건춘문, 남은 광화문, 서는 영추문, 북은 신무문이다.

경복궁의 남문, 광화문

광화문

광화문(光化門)은 경복궁의 동서남북 4개의 문 중 남문이며 정문입니다. 그냥 오문(午門) 또는 정문(正門)으로만 불리다가 세종(세종 13년) 때 정식으로 광화문으로 불리게 되었습니다. 광화문의 이름은 '광피사표(光被四表)'와 '교화만방(敎化萬方)'에서 따왔으며, '국왕의 큰 덕이 온 나라와 백성을 비춘다'는 뜻입니다. 남쪽의 문이므로 4방위신 중 주작이 가운데 홍예문(虹霓門 : 무지개 모양의 아치형 문) 천장에 그려져 있습니다. 양쪽의 홍예 천장에도 각각 기린(동쪽)과 현무(서쪽)가 그려져 있습니다.

광화문은 조선왕조의 법궁인 경복궁의 정문으로 세 개의 홍예를 갖추고 있고, 그 규모(정면 3칸, 측면 2칸, 다포계 중층건물, 겹처마, 우진각 지붕)나

광화문 남동쪽 궁장의 끝에 위치한 동십자각이 마치 궁장에 연결된 것처럼 보인다.

광화문 서쪽 궁장의 끝에도 서십자각이 있었다. 왼쪽에 서십자각 터 표지석이 보인다.

격식에 있어서 가장 크고 웅장합니다. 가운데 홍예는 왕이 드나들던 어문(御門)이며, 양 옆의 홍예 동쪽 문으로 문관이, 서쪽 문으로 무관이 드나들었습니다.

- 고종 4년(1867) 11월 4일 2번째 기사
  의정부에서 아뢰기를, 백관의 경복궁 출입시 승지는 영추문으로, 문관은 광화 동협문, 무관은 서협문으로 드나드는 것을 정규로 한다.

광화문과 이어지는 궁장의 양끝에는 동십자각과 서십자각이 있어서 다섯 궁궐의 문 중 유일하게 독립

서십자각 터 표지석

동십자각

된 망루의 형식을 갖추고 있던 문이었습니다. 그리고 문 밖으로는 정치와 행정의 중심축인 육조(六曹) 거리가 있었고, 그 육조거리는 다시 경제의 중심인 운종가(雲從街)와 맞닿아 있었습니다. 이는 광화문이 한양의 정치와 경제의 중심축을 잇는 곳에 위치함으로써 당시의 왕조 사회에서 궁궐이 갖는 위엄의 상징으로도 큰 의미가 있습니다.

경복궁 궁장 남쪽의 양 모퉁이에 있던 동십자각과 서십자각은 궁장이 축소되면서 동십자각은 도로 한복판에 따로 떨어져 나간 채 외로이 서 있고, 그나마 서십자각은 그 흔적조차 없어졌습니다. 일제는 1923년 9월 효자동으로 통하는 전찻길을 개설하면서 경복궁 서남쪽 모퉁이의 궁장을 헐어냈는데, 이때 서십자각도 함께 철거되어 없어졌을 것으로

동십자각이 궁장과 붙어 있는 모습(국립중앙박물관 소장)

추정됩니다.

　동십자각은 궁장의 동남쪽 모서리에 서 있는 각루(角樓 : 성벽 위 모서리에 지은 누각)입니다. 현재 동십자각은 차도 한복판에 덩그러니 떨어져 나가 누군가 차량이 회전할 때 이리저리 눈치를 보는 천덕꾸러기처럼 혼자 서 있습니다. 그리고 대부분의 사람들은 그 구조물이 왜 하필 그 자리에 번거롭게 놓여 있는지 관심도 없습니다. 원래의 제자리를 지키고 있으나 동십자각의 기능을 확인시켜줄 경복궁의 남동쪽 궁장이 이미 뒤로 한참 물러난 시점에서는 오히려 제자리를 지키고 있는 존재가 이상하게 잘못된 것처럼 보이는 현 시점입니다. 가끔 사람 사는 일도 그럴 때가 있는 것처럼 말입니다.

경복궁의 동문, 건춘문

건춘문

건춘(建春)은 '봄을 세우다'라는 뜻입니다. 건춘문(建春門)은 경복궁의 동문입니다. 동쪽 방위는 봄에 해당하므로 문 이름을 건춘이라 했고, 홍예 천장에는 동쪽 방위신인 청룡이 그려져 있습니다. 건춘문으로는 왕실의 종친이나 상궁들이 드나들었는데, 문을 들어서면 궁의 동쪽에 동궁을 비롯한 생활공간으로 쓰던 전각들이 밀집해 있었습니다.

건춘문 밖 맞은편에는 종부시(宗簿寺 : 종친부)가 있었습니다. 종부시는 조선시대 왕실 일가친척의 일을 맡아보던 기관으로 왕자들을 감독하고 왕실의 과실을 찾아내 규탄하는 일을 했습니다. 세종은 왕실의 종친들을 교육시키기 위해 종학을 세웠습니다. 그러나 종친들이 모두 공부를 좋아했던 것은 아니었으니 왕족으로 살아가는 일도 마냥 평탄하고 즐거운 일만은 아니었습니다.

● 세종 10년(1428) 7월 12일 4번째 기사
종학(宗學)을 세워 대군 이하 종실의 자제로 하여금 나아가 배우게 하다.

❖ 순평군 이군생 이야기

　세종은 처음으로 종학(宗學)을 세워, 대군(大君) 이하 종실(宗室)의 자제들을 교육시켰다. 세종 때 종친들의 관직 진출을 금지시켰는데, 관직에 나갈 수 없는 왕족들은 자칫 무기력해지기 십상이었다. 그러니 종학은 쓰일 곳 없는 공부를 게을리 하여 무식한 왕족들이 백성들의 손가락질을 받을 것을 우려해서 취한 조치였다. 그리고 가끔 시험을 봐서 합격한 종친에겐 전답을 많이 내렸다. 그러나 예나 지금이나 어느 정도라도 소질이 있어야 공부도 따라가는 법이다. 자기 이름 석 자도 쓰지 못하는 종친이 나올 정도였으니 현학군주 세종의 입장으로선 신하들 보기에 체면이 말이 아니었던 것이다. 종학에 투입된 교수진들은 당대 최고의 석학들이었다. 그러나 사람이 무슨 일을 하려면 확실한 동기 부여가 있어야 하는데, 종친들에게는 공부를 해봤자 자신들에게 현실적 이익이 아무것도 없었던 것이다. 남들처럼 과거를 볼 수 있는 것도 아니고 출세를 할 수 있는 것도 아니지 않은가?
　왕족 순평군 이군생은 정종의 서자이다. 숙의 기씨 소생으로 태종 17년(1417)에 순평군에 봉해졌다. 순평군은 불혹이 넘도록 일자무식이었는데, 종친들에게 학문을 가르치는 종학에 다니게 되어 처음 《효경孝經》을 읽게 되었다. 학관이 '개종명의장 제일(開宗明義章 第一)'이라는 첫 장의 제목, 일곱 자를 가르쳤다. 이에 순평군은 도무지 읽지 못하고, "내가 지금 늙고 둔하니 다만 '개종(開宗)' 두 자만 알면 족하다" 하고는 드디어 말 위에서도 읽기를 그치지 않았다. 또 종에게 말하기를, "너희들도 또한 '개종' 두 자를 잊지 않고 있다가 내가 막힐 때 가르쳐다오" 하였다. 왕족으로서의 자존심도 무너진 채 순평군은 종학에 다니기를 죽기보다 싫어하였고 많은 나이에 혹 망신이라도 당하지 않을까 늘 고심하였다. 결국 순창군은 죽을 때 처자를 모아놓고 유언하기를, "사생(死生)이 지대하니 어찌 마음이 쓰이지 않으리오마는, 다만 영구히 종학을 이별하는 것이 대단히 통쾌하다" 하였다. 예나 지금이나 학생은 언제나 괴로웠던 모양이다. 순평군은 1456년(세조 2년) 8월 훙서하였다.

건춘문과 동십자각이 궁장으로 연결되어 있다. (국립중앙박물관 소장)

건춘문 담장 너머로 만개한 봄

영추문

영추문(迎秋門)은 경복궁의 서문으로 동쪽의 건춘문과 짝을 이룹니다. '영추(迎秋)'는 '가을을 맞이한다'는 뜻입니다. 오행상 서쪽 방위는 가을에 해당하기 때문에 영추문이라 했습니다. 천장에는 서쪽 방위신인 백호(白虎)가 그려져 있습니다. 영추문은 궁궐에 출입하는 승정원 관리들이 주로 이용했습니다.

영추문도 수난의 역사를 간직하고 있습니다. 일제는 1926년 조선총독부청사 신축공사 건축재를 실어 나르던 전차 통행의 진동으로 경복궁 서쪽 궁장이 무너지자 영추문의 문루를 없애버리고 담장을 뒤로 물려 쌓았습니다. 현재의 영추문은 1975년 원래 위치에서 50미터 북쪽에 철근 콘크리트조로 복원한 것입니다.

경복궁의 서문, 영추문

1926년 건축재를 실어 나르던 전차 통행의 진동으로 무너진 영추문 담장 (국립중앙박물관 소장)

경복궁 서쪽 궁장의 영추문을 끼고 있는 효자로에 물든 가을

신무문

신무문(神武門)은 집옥재의 서편에 위치한 경복궁의 북문입니다. 신무문이라는 이름을 얻은 것은 성종 6년(1475)입니다. 신무문은 건춘문과 규모가 동일하며 홍예를 올려다보면 북쪽의 방위신인 현무가 그려져 있습니다. '신무(神武)'란 '신묘하게 뛰어난 무용(武勇)'을 의미하며, '신령스러운 현무'로도 해석할 수 있습니다.

경복궁의 북문, 신무문

신무문 안쪽

　신무문은 궁의 북서쪽에 있는 문으로 왕이 후원으로 이동할 때에만 열었습니다. 신무문 쪽은 인적이 드물었으나, 신무문 바깥 현재의 청와대 쪽에 단(회맹단)을 세우고 왕이 공신들의 충성을 다짐하는 회맹제(會盟祭 : 임금이 공신들과 산짐승을 잡아 하늘에 제사지내고 그 피를 서로 나누어 마시며 단결을 맹세하던 의식)에 참석할 때에는 이 문을 이용했습니다. 또 영조 때에는 숙빈 최씨를 모신 육상궁에 참배하기 위하여 경복궁 터를 길로 삼았는데, 이때 신무문을 자주 이용했습니다. 신무문 성벽에 '천하태평춘(天下泰平春)'이라는 글이 새겨져 있습니다. 온 나라가 태평성대를 누리기를 바라는 염원이 담겨 있습니다.

경복궁 사대문 천장에 그려진 방위신들

광화문의 주작

건춘문의 청룡

영추문의 백호

신무문의 현무

 ## 세종로 광장에서 출발하기

광화문을 정면에서 바라보는 위치, 잠시 숨을 고르고 세종로 광장 한복판에서 광화문을 마주 보고 서보시겠어요? 이제 제가 당신을 위한 경복궁 여행에 동행하려 합니다.

예전에는 경복궁으로 들어가기 전, 광화문 앞 양쪽으로 조선시대의 관청가인 육조거리가 있었습니다. 궐외각사(闕外各司)로 동쪽에 의정부, 이조, 한성부, 호조, ✿기로소(耆老所)가 있었고, 서쪽에 예조, 중추부, 사헌부, 병조, 형조, 공조, 장예원이 있었습니다. 현재는 동쪽의 의정부 터만이 휴식 공간으로 복원되어 있고, 다른 관아 터는 표석으로 대략적인 위치를 표시했습니다.

세월 따라 길은 넓혀지고 변하더라도 늘 흔적은 남아 있듯이 옛 육

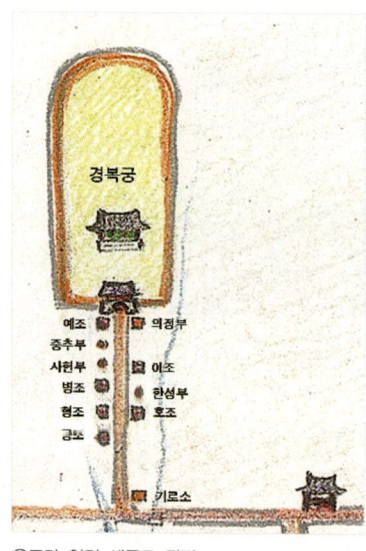

육조가 있던 세종로 광장

> ✿ 기로소 : 정2품 이상의 관리로 나이 일흔이 넘은 고위 관료들을 예우하기 위하여 설치한 관청으로 육조거리의 동쪽 끝 지금의 교보빌딩 자리쯤에 있었다. 왕도 기로소에 입소했는데 태조가 60세, 숙종이 59세, 영조가 51세에 기로소에 든 전례가 있다. 1852년생인 고종은 영조의 예를 따라 1902년(광무 6년) 망 육순이 되던 해 5월 4일에 기로소에 들었다.

광화문 가는 길 47

세종로 광장

조거리에는 관청가의 유래로 정부서울청사 본관과 별관, 그리고 미대사관이 있는 정치 공간으로서의 맥을 유지하고 있고, 대한민국 역사박물관이 대한민국 근대사의 흐름을 보여주고 있습니다. ✿육조거리가 있던 세종로는 당시 ✿운종가였던 종로와 맞닿아 있습니다.

> ✿ 육조거리 : 길의 좌우에 이·호·예·병·형·공조의 육조 관아가 배치되어 있던 데서 유래되었다. 육조거리는 오늘날 종로구 세종로를 가리킨다. 조선시대에는 경복궁 정문인 광화문 앞에 직선으로 개설되어 주작대로의 기능을 하였다.
> ✿ 운종가 : 많은 사람이 '구름 같이 모였다 흩어지는 거리'라는 뜻에서 유래되었으며, 오늘날 종로 거리를 가리킨다. 조선시대 종로 일대는 시전이 설치되어 육의전을 비롯한 많은 점포가 집중적으로 발달되어 있어 많은 사람이 모여들었으므로 운종가라 불렀다.

 # 육조거리에서 만나는 기념비전

광화문 네거리에서 종로로 꺾어지는 모퉁이 교보빌딩 앞에는 고종이 기로소에 든 것을 기념하는 기념비전(紀念碑殿)이 있습니다. 대한제국대황제보령망육순어극사십년칭경기념비(大韓帝國大皇帝寶齡望六旬御極四十年稱慶紀念碑)로 대한제국 황제의 나이가 망 육순으로 왕으로 즉위한 지 40년을 경축하는 기념비라는 뜻입니다. 1902년 고종의 육순을 바라보는 나이인 51세에 당시 황태자(순종)가 주동이 되어 이를 기념하는

만세문과 기념비전

존호를 올리고 이 기념비전을 지었습니다.

기념비전의 존재에 대해 관심 갖는 사람은 그리 많지 않습니다. 간혹 그 옆에서 마이크를 잡고 각종 시위를 하는 사람들이 있기는 하지만 대부분의 사람들은 기념비전 앞의 건널목에서 신호등이 빨리 바뀌기만을 기다리고 서 있습니다. 예전에는 이 기념비전에 접근하기가 어려웠는데 지금은 그 앞으로 건널목이 생기면서 마음만 먹으면 얼마든지 자세히 관찰할 수 있습니다. 당신이 기념비전의 만세문 문양 조각을 좀 더 자세히 살펴보면 그 조각 수법이 대단히 뛰어나다는 것을 대번에 알 수 있습니다. 투각 철창문의 태극 문양뿐 아니라 문기둥의 모란 당초 문양 조각도 매우 아름답습니다.

독특한 문양으로 장식한 만세문

그리고 기념비전의 이중 기단의 난간을 장식하고 있는 돌짐승을 조각한 솜씨 역시 예사롭지 않아 보입니다. 자세히 들여다보면 기념비전의 남쪽 정문인 만세문의 문양 조각과 난간의 석수 조각이 경복궁 근정전 월대의 돌 조각의 기법에 견줄 만한 뛰어난 솜씨로 많은 공을 들였음을 확인할 수 있습니다.

광화문 월대와 해태

이제 광화문을 향해 더 가까이 다가가볼까요. 지금 광화문 앞의 월대(月臺)가 2023년 10월 복원되어 해태가 월대 남쪽 끝에 있습니다. 그동안 광화문 해태상은 남쪽 담장에 바짝 붙어서 그저 오가는 사람들만 쳐다보고 있더니 이제 제자리에서 제구실을 할 수 있을 듯합니다.

해태는 원래 경복궁 정문 앞쪽에 세워져 궁궐을 출입하는 사람들이 말이나 가마에서 내리는 ✿하마비(下馬碑)와 같은 역할을 했을 것으로 추

월대 앞의 해태

정됩니다.

　사람들은 해태가 불을 쫓는 동물이라서 궁궐에 두었다고 하는데, 이는 좀 더 생각해볼 일입니다. 원래 해태가 놓여 있던 자리는 옛 사헌부 앞의 길 양쪽으로 사헌부는 시정의 잘잘못을 따지고 관원들의 비리를 조사하여 탄핵하던 대표적인 사법기관이었습니다. 해치는 법의 상징물로 조선시대 사헌부의 관원들은 관복에 해치 흉배를 달았고, 해치관을 썼습니다.

　해태는 고대 중국의 전설에 나오는 상상의 동물로 '해치'라고도 합니다. 《이물지異物志》라는 옛 기록에 해치는 본래 뿔이 하나이고 성품이 충직하며 시비곡직을 가릴 줄 알아서 사람들이 싸우면 바르지 못한 자에게는 그 뿔로 들이받고, 거짓말을 하는 자에게는 덤벼들어 깨문다고 했습니다. 중국의 순임금 때 법을 맡았던 고요(皐陶)는 옥사 문 앞에 해치를 두어 죄가 있는 자를 가려냈다고 합니다.

　1890년대의 사진을 보면 해태상 앞에

광화문과 동쪽 해태 (국립중앙박물관 소장)
원래의 해태상이 위치한 곳과 현재의 해태상이 놓인 곳과는 차이가 있음을 알 수 있다. 해태상 앞에 노둣돌이 보인다.

✿ **하마비** : 조선시대 종묘 및 궐문·문묘·향교 앞에 세워놓은 석비. 말을 타고 이곳을 지나는 사람은 누구든지 말에서 내려야 한다는 글이 적혀 있다.

'ㄴ' 자 모양의 받침돌이 보이는데, 이것은 말에서 내릴 때 발을 딛는 노둣돌입니다. 이곳부터는 왕의 신성한 영역이니 누구든 왕보다 지위가 낮은 사람이라면 궁으로 들어가기 전 탈것에서 내리라는 하마(下馬)의 표시였던 것이지요.

- 고종 7년(1870) 10월 7일 기해 2번째 기사
대궐문 안에서 말을 타는 일이 없도록 사헌부에서 규찰하도록 하다
전교하기를,
"대궐 문에 해태(獬豸)를 세워 한계를 정하니, 이것이 곧 상위(象魏)이다. 조정 신하들은 그 안에서는 말을 탈 수가 없는데, 이것은 노마(路馬)에 공경을 표하는 뜻에서이다. 조금 전에 출궁할 때 보니, 종승인(從陞人)이 그 안에서 말을 타던데 이것이 어찌 사체(事體)와 도리(道理)에 맞겠는가? 전후에 걸쳐 신칙한 하교가 얼마나 엄중했는데도 한갓 형식이 되어버렸으니 이와 같이 하고서 어떻게 기강이 서겠는가? 지금부터는 사헌부에서 규찰하여 계문(啓聞)하라." 하였다.

그러던 것이 한동안 광화문과 월대의 복원이 이루어지기 전까지 해태를 광화문 담장 가까이에 세워두었던 것입니다. 이제 광화문도 본래의 위치에 모습을 찾고 차도로 사용되던 광화문 앞길의 사정으로 복원이 쉽지 않아 보이던 월대까지 복원되었습니다. 월대를 오르는 계단과 양옆의 난간석, 하엽동자주, 그리고 월대 끝의 서수까지 마치 퍼즐 조각을 맞추듯 광화문 월대의 복원으로, 경복궁 남쪽 정문 광화문이 제 모습을 되찾았습니다.

월대(月臺)는 궁궐의 중요 건물에 넓고 높게 설치한 대(臺)를 말합니다. 더구나 궁궐 정문 밖의 월대는 조선시대 임금이 백성과 소통하는 장소로 활용되던 공간으로 국가 주요 행사가 열렸던 곳입니다. 광화문

100년 만에 복원된 광화문 월대

월대는 일제강점기에 전찻길로 훼손된 지 100년 만에 돌아왔습니다. 지난 2006년 문화재청이 '광화문 제모습 찾기'로 추진한 광화문의 월대와 현판 복원이 2023년 10월 마무리되었습니다.

현대를 사는 우리가 경복궁을 지었던 옛사람들의 자연관이나 뜻깊은 사상적 이념을 이해하고 다가갈 때 한낱 생명 없는 돌조각에서도 그들의 생각을 읽을 수 있고, 진정한 우리 것을 우리의 마음자리에 되돌려놓을 수 있는 길이 될 것입니다.

이건희 삼성그룹 유족측으로부터 기증받은 월대 서수상

《경복궁 영건일기》를 토대로 검은 바탕에 황금색 글자로 복원한 광화문 현판

광화문의 수문장 교대식

 # 광화문 유감

    1395년 경복궁의 정문으로 세워진 광화문은 임진왜란 때 경복궁과 함께 방화로 소실되었으나, 조선 후기에 흥선대원군이 경복궁을 중건하면서 재건되었습니다. 광화문은 이후 일제강점기를 거치면서 조선왕조의 비명을 고스란히 몸으로 견뎌낸 안쓰러우면서도 대견한 역사입니다.

    경복궁의 주요 건물들은 광화문 - 흥례문 - 근정전 - 사정전 - 강녕전

1926년, 백악에서 바라본 경복궁 일대 (국립중앙박물관 소장)

건춘문의 위쪽으로 이전된 광화문 (국립중앙박물관 소장)

근정문 너머로 보이는 조선총독부청사 건물 (국립중앙박물관 소장)
조선총독부청사의 돔과 근정문의 중심축이 맞지 않는다.

광화문 문루로 올라가는 계단 복원된 광화문 2층 문루의 문

- 교태전으로 이어지는 일직선상의 축을 가지고 있습니다. 일제는 1926년 조선총독부청사가 경복궁 내에 완공되자 그 앞에 있는 광화문을 아주 헐어 없애려던 것을 여론의 반대에 밀려(62쪽 '야나기 무네요시' 참조) 1927년 9월 건춘문 북쪽, 현 민속박물관 정문 자리에 옮겨 놓았습니다. 궁궐 정문의 역할을 박탈당하고 동문 건춘문 위쪽으로 쫓겨 갔다가 한국전쟁 때 폭격으로 문루가 불타 없어지고 석축만 남아 있던 광화문을 1968년 박정희 대통령 집권 시 경복궁의 정문으로 복원하여 옮겨 지었습니다. 그러나 그 위치는 궁장이 안쪽으로 물러나 있었으니, 본래의 위치에서 14.5미터 뒤로 물러났고 각도도 본래의 축에서 동남 방향으로 틀어지게 되었습니다.

당시 대한민국 정부가 중앙청으로 사용하던 일제의 조선총독부청사 건물은 애초 경복궁의 기본축과는 다르게 자리 잡은 건물이었습니다. 그런 상태에서 중앙청 앞에 지어진 광화문의 각도는 3.75도가 틀어지고 경복궁의 건물 배치와도 어긋나게 되었습니다. 더구나 한국전쟁 때

광화문 누각 아래층의 내부 포작(包作)   동쪽 태양이 광화문 문루에 빛을 세우고 있다.

불탄 문루를 복원하면서 튼튼한 철근 콘크리트로 지어져서 다시 불에 탈 염려는 없게 되었으되 우리 궁궐 건축의 전통은 찾아볼 수 없는 문화재 아닌 문화재로 그 역사적 의미마저 축소된 복원이었습니다.

  다행히 문민정부 시절 광화문 복원사업으로 복원공사가 완료되어 2010년 8월 15일 본래의 자리에 그 모습을 드러냈습니다. 그러나 여전히 당시 도로 사정으로 월대의 일부만 복원되었고, 해태상의 위치 또한 이전처럼 광화문 남쪽 궁장 가까이에 세워두었습니다. 그러다가 문화재청이 2006년부터 추진한 광화문의 월대와 현판 복원이 2023년 10월 완성되었습니다. 문화재청의 '광화문 제모습 찾기'로 광화문 월대와 해태가 100년 전 모습으로 찾아왔습니다.

광화문 복원사업의 마무리로 오늘날 우리들은 광화문 앞 광장에서 예전의 세종로 육조거리를 지나 광화문으로 곧장 걸어 들어갈 수 있게 되었습니다. 세종로 광장의 복원 전에는 광화문 앞이 차도로 막혀 있었기 때문에 사람들이 경복궁으로 들어가려면 동십자각 쪽의 횡단보도를 이용하거나 서쪽의 영추문 쪽 길로 접근했

복원된 월대의 난간

습니다. 이제는 정면에서 광화문을 바라보면서 월대를 거쳐 경복궁에 입궁하는 당당함을 즐겨보시기 바랍니다. 비록 육조거리는 사라졌지만, 광장 한복판에서 바라보는 경복궁의 실체는 그 위상이 대단합니다.

그러나 아직도 광화문의 본래 역할에 대해 관심을 갖는 사람들은 그리 많지 않습니다. 경복궁의 정문이 광화문임에는 틀림이 없으나 오히려 경복궁 관람권을 내고 입장하는 흥례문이 경복궁의 정문 구실을 하고 있습니다. 광화문 안쪽은 그냥 흥례문 앞에서 출발하는 수문장 교대

조선왕조 최초의 궁궐인 경복궁은 오늘날에도 그 빛을 간직하고 있다.

식 같은 옛 행사를 보여주는 드넓은 광장이나 통로쯤으로 생각하기 십상입니다. 그러나 경복궁의 정문 광화문은 충분히 우리의 시선을 잡아둘 만큼 장엄합니다.

  광화문에서는 관람객들에게 흥미로운 볼거리를 제공하는 화려하고 멋있는 수문장 교대식이 있습니다. 오랜만에 경복궁을 찾은 사람들은 궁궐에 들어서기 전에 조선시대 복장을 하고 있는 수문장 교대식 행사 모델들과 사진을 찍는 것도 좋아합니다. 그리고 광화문이 낮보다 밤의 야경이 더 근사해 보인다고 말하면 사람들은 고개를 끄덕여 공감할 것입니다. 밤에 화려한 조명에 비쳐지는 광화문을 보면서 저도 가끔은 그런 착각을 하곤 합니다.

❖ 야나기 무네요시, 광화문을 말하다

… 광화문이여, 광화문이여, 너는 생명이 이제 간두에 서 있구나. 네가 과거 이 세상에 있었다는 기억이 차가운 망각 속으로 사라지려 하고 있구나. 어떻게 하면 좋을 것인가. 나는 어찌할 바를 모른다. 가혹한 정과 무정한 망치가 네 몸을 조금씩 파괴하기 시작하는 날이 멀지 않은 것이다. 이 일을 생각하면 가슴이 아픈 사람이 많을 것이다. 그렇지만 누구 하나 너를 구할 수가 없구나. 불행하게도 구할 수 있는 사람은 너를 슬퍼하고 있는 사람이 아니다….

위의 글은 1922년 9월, 일본인 민예학자 야나기 무네요시(柳宗悅, 1889~1961)가 당시 조선총독부의 광화문 철거 방침에 반대해서 일본 잡지 《개조》에 '사라지려는 한 조선 건축을 위하여'라는 제목으로 기고한 사설 중 일부이다. 1921년 5월 〈동아일보〉는 광화문 사진을 커다랗게 싣고 광화문의 철거 및 이전 계획을 처음으로 폭로했다. 총독부 새 청사가 완공될 무렵에 조선총독부가 광화문을 헐어 버릴 계획을 갖고 있다는 내용이었다. 일본이 '조선총독부 청사를 가리는 불경스런 건축물'이란 이유를 들어 광화문 철거를 결정한 다음이었다.

야나기 무네요시의 글은 당시 총독부의 존재가 두려워 대부분의 국내 언론이 광화문 철거를 쉬쉬하던 가운데 발표돼 우리 국민들에게 강한 인상을 남겼다. 이 사설은 〈동아일보〉에 '아! 광화문'이란 제목으로 번역되어 보도되었다. 그러나 일제의 광화문 철거를 글로써 반대했던 일본의 양심적인 문화운동가 야나기 무네요시가 1922년 일제의 철거를 반대하기 위해 발표한 글 '사라지려는 한 조선 건축을 위하여'의 육필 원고는 일제의 검열에 의해 상당 부분이 발표되지 못했음이 밝혀졌다.

"만약 지금 조선이 흥하고 일본이 쇠퇴하여 일본이 조선에 병합되고 일본 궁궐이 폐허가 되고 그 자리에 대규모 서양식 총독부 건물이 세워지는 것을 상상해보라."
"세상은 모순의 시대이다. 죽지 않고 사는 자는 반역죄로 문책을 당할 것이다."

검열에 의해 발표되지 못한 이 두 문장을 보면 야나기 무네요시가 얼마나 격하게 일제의 광화문 철거 계획을 비판했는지를 알게 해준다. 야나기 무네요시뿐 아니라 당시 일본에서 인정받는 건축 미학자이자 미술평론가인 와세다대학 교수 '이마 와지로'도 조선총독부의 처사에 대해 그 부당성을 지적했고, 광화문 철거를 반대하는 국내 여론은 더욱 거세졌다. 애당초 조선총독부의 속셈은 광화문을 없애고 조선의 법궁인 근정전 앞에다가 조선총독부청사 건물을 지음으로써 조선인의 민족혼과 정체성을 말살하려 했었다.

한국전쟁 당시 문루가 타버리고 석축만 남은 광화문

그러나 예상 밖으로 광화문 철거 반대의 거센 여론을 의식해서인지 일제는 광화문을 철거한다는 계획을 취소하고 자리를 옮기는 것으로 마무리 지었다. 그리고 1923년 10월, 광화문 앞 양측에서 수문장 노릇을 하던 해치 석상 두 점이 철거되었다.

〈조선일보〉는 1925년 10월 26일 '나는 가나이다'라는 제목으로 광화문의 애절한 고별사를 실었다. 이는 광화문 철거를 눈앞에 두고 조선 백성들의 암담하고 하소연할 데 없는 처연한 심정을 광화문 스스로의 입을 빌려 얘기하는 형식의 글이었다. 그리고 1926년 7월 22일에 드디어 조선의 명운이 바닥에 떨어졌고, 지하세계에서 모든 선조들의 혼령이 일어나 통곡을 한다. 바로 광화문 철거 작업이 시작되었다. 완전히 무너뜨리는 것이 아니라 건춘문 옆으로 옮기는 것이라고 해도, 본래의 자리를 뜨는 순간 그 존재 가치는 빛을 바래게 된다. 철거 작업이 시작된 뒤인 1926년 8월 29일 〈동아일보〉는 '광화문 해체, 수일 전에 착수'라는 제목의 기사를 실었다.

…경복궁 정문인 광화문 이전 공사가 수일 전에 해체 공사에 착수했는데, 조선총독부는 미야카와쿠미 회사에 공사비로 5만 4,800원을 주었으며, 공사는 1년 안에 끝날 예정이라더라….

그 후 건춘문 위쪽으로 이전된 광화문은 1950년 6·25 전쟁으로 문루가 타버리고 석축만 남게 되었다.

2 영제교를 건너다

광화문의 가운데 홍예를 통해 경복궁을 들여다보실래요.

흥례문에 들어서서

지금까지 광화문 바깥 육조거리를 둘러보았으니 이제 흥례문을 통해 궁궐 안으로 들어가 볼까요. 흥례문(興禮門)은 경복궁의 두 번째 남문으로 처음에 홍례문(弘禮門)이었으나 고종 때 흥례문으로 고쳐 지었습니다. 당시 청나라 건륭제(乾隆帝)의 이름자인 홍력(弘曆)을 피휘(避諱 : 높은 이의 이름자를 쓰지 않는 일)하여 지었기 때문입니다.

흥례문 계단의 해치 조각을 살펴보면 옛 기록 《이물지》에 나오는

흥례문

해치에 관한 묘사 그대로 일각수(一角獸)의 모습이 뚜렷합니다.

흥례문을 들어서면 영제교 건너 왼편으로 유화문(維和門)이 보입니다. 흥례문 행각 서편의 유화문 밖으로는 경복궁의 서쪽 궐내각사(闕內各司)가 있었습니다. 궐내각사와 빈청으로 출입하는 관리들이 유화문으로 드나들었습니다. 흥례문 일곽 근정문 앞에서 조

흥례문 계단의 해치

유화문과 기별청

영제교 수로

회뿐 아니라 국문이나 교서 반포 등이 이루어졌으므로 궐내각사와 빈청의 관원들이 원활히 움직일 수 있는 문이 필요했는데 유화문이 그 역할을 한 것입니다.

유화문의 오른편에 있는 작은 방 하나는 기별청(奇別廳)입니다. 기별청에서는 승정원에서 처리한 국정사안을 기별서리(書吏)가 적어서 닷새마다 반포했고, 이를 '기별'이라고 했습니다. 기별은 조정에서 아침마다 반포한다고 해서 '조보(朝報)'라고도 불렀습니다. 육조거리의 각 관청에서는 기별청에 와서 각 관서에 해당하는 사항을 필사해 갔고, 지방 같은 먼 곳의 관서에는 기별군사가 파발로 기별을 돌렸습니다.

영제교를 건너다 69

영제교의 천록

 ## 영제교와 상상의 동물들

    흥례문을 들어선 후 궁 안으로 들어가기 전에 우선 작은 물길이 흐르는 돌다리를 건너게 됩니다. 영제천을 건너는 영제교(永濟橋)입니다. 절에 가면 세심천(洗心川)을 건너야 부처의 세계로 들어갈 수 있듯이 잡인의 출입을 통제하고 사람들이 궁 안으로 들어가기 전 마음을 바르게 가다듬으라는 의미의 금천교(禁川橋)입니다. 궁은 왕이 정치를 펼치는 신성한 공간이기 때문에 영제교는 왕의 공간과 외부 공간을 구분 짓는 상

영제교 기둥의 용이 여의주를 움켜쥐고 주위를 경계하고 있다.

일제의 궁궐 훼손으로 인해 방치된 영제교 석수 (국립중앙박물관 소장)

징적 돌다리입니다. 또한 영제천은 풍수지리사상에 입각한 배산임수(背山臨水)의 명당수 개념으로 서에서 동으로 흐르도록 조성되어 있습니다. 다리는 두 개의 홍예를 틀어 만들었으며, 다리 위에는 삼도(三道)를 설치해서 왕의 어도(御道)를 구분해놓고 있습니다.

영제천 양쪽의 석축에는 네 마리의 돌짐승이 사뭇 무서운 표정으로 각기 물길을 응시하고 있습니다. 그들은 금세라도 물에 뛰어들 자세로 웅크리고 있네요. 물길을 타고 궁으로 진입하려는 나쁜 기운을 경계하고 있는 것입니다. 영조 때 지은 《경복궁 유관기遊觀記》에는 이 돌짐승을 천록(天鹿)이라고 적고 있는데, 천록은 《후한서後漢書》에 나오는 상상의 동물로 몸에 비늘이 덮여 있고 외뿔이 달렸으며, 사악한 것을 물리치는 벽사의 능력을 지녔다고 묘사했습니다.

영제교의 천록

그런데 참, 이런 표정으로야 어디 나쁜 악귀들을 제압하겠습니까. 물밑을 바라보고 있는 것은 맞는데 혓바닥을 낼름 내밀고 '메롱!' 입니까? 다시 한 번 생각해보아야겠습니다. 이는 마치 주인이 즐겁게 장난치는 귀여운 동물을 제작해달라는 것으로 오해한 석공이 잘못 조각을 한 것 같습니다. 쯧쯧.

일제강점기에 조선총독부청사 건물을 지으면서 훼손되었던 흥례문 영역은 2001년 복원되었습니다. 흥례문 영역이 복원되면서 어구를 되살렸으나 물길을 제대로 되살린 것은 아니고 그냥 그 자리에 시늉만 남겼다고 보아야 합니다. 왜냐하면 이미 금천이 흐르던 물길은 다 끊기고 건천(乾川 : 많은 양의 폭우가 내린 후에만 흐르는 하천) 위에 다리만 놓은 것이기 때문입니다. 가끔 비가 많이 쏟아지고 난 후 물이 어구에 고여 있는 것을 볼 수 있는데, 그 가두어진 탁한 물색이 민망할 때도 있습니다.

그러나 영제천의 양쪽 화단에 심은 매화와 앵두꽃으로 이른 봄이 눈부시고, 매발톱꽃과 비비추도 철마다 꽃을 피워 영제교는 아름다운 모습으로 우리를 반깁니다. 예전의 매화꽃잎 떠내려가는 물길 맑은 영제천을 마음에 그려보면 좋겠습니다.

영제교 석수는 물길을 타고 궁으로 들어오려는
나쁜 기운을 경계하고 있습니다.

{ 경복궁 화첩을 펼치며… }

앵두나무 단풍이 고운 가을날,
영제교로 날아든 까치와 물길을 바라보는 천록

3 근정전, 태평성대를 꿈꾸다

경복궁의 세 번째 남문인 근정문에 도착했습니다.

 # 근정문과 즉위식

경복궁의 세 번째 남문으로 정전 영역의 정문인 근정문(勤政門)은 왕과 신하가 만나는 조참(朝參) 행사를 하던 곳입니다. 의식이 있을 때 왕은 사정전에서 근정전(勤政殿) 동쪽 처마 밑을 지나 근정전 마당을 거쳐 근정문에 이르게 됩니다. 왕은 근정문의 가운데 칸에 어좌를 설치하고 남향으로 앉고, 신하들은 흥례문 일곽에 도열하여 임금에게 예를 올렸습니다. 즉, 근정문은 단지 드나드는 출입문의 역할만을 하는 곳이 아니라 왕의 정치적인 활동이 시작되는 곳입니다.

근정문 앞 흥례문 영역은 왕의 즉위식이 행해졌던 아주 중요한 공간입니다. 왕조의 새 하늘을 여는 가장 중요한 국가의식 중 하나인 즉위식은 대부분 선왕의 장례 기간 중 치러졌습니다. 일반 사람들이 생각하는 것처럼 흥겨운 잔치 분위기의 성대한 의식이 아니었다는 말이지요. 선왕의 사망 6일째 되는 성복일에 왕의 후계자는 빈전 앞에 설치한 천막에서 면복(冕服)으로 갈아입고 빈전(殯殿)에서 왕권을 상징하는 대보(大寶 : 옥새)를 받습니다. 근정문까지 여(輿 : 뚜껑이 없는 가마의 일종)를 타고 가서 문 앞에 남향으로 설치된 어좌에 앉음으로써 새 왕으로 즉위하고 백관의 하례를 받았습니다.

이와 같이 대부분의 왕들은 선왕의 장례 기간 중에 검소한 즉위식을 정전의 문 앞에서 치렀습니다. 선왕으로부터 양위를 받아 즉위한 정종,

세종과 세조, 그리고 예종이 근정전에서 즉위식을 치렀고, 단종, 성종, 선조가 근정문에서 즉위식을 치렀습니다. 즉위식을 치른 사왕(嗣王 : 왕위를 이은 임금)이 근정전에 오를 때에는 동쪽 계단으로 올라갔습니다. 이를 즉조(卽祚)라 하고 이는 오른쪽 계단을 이용해 왕위에 오른다는 뜻입니다. 그 후 즉위교서를 반포했습니다.

● 단종 즉위년(1452) 5월 18일 5번째 기사
즉위하는 의식
종친과 문무백관이 조복으로 갈아입는다. 감찰·전의 이하가 먼저 들어와 위차(位次)에 나아간다. …(중략)… 상의원의 관원이 면복을 왕세자에게 받들어 드리며 최복(衰服)을 벗고 면복을 갖춘다. 판통례가 사왕을 이끌고 전정(殿庭) 길 동쪽에 들어와 북향하고 선다. …(중략)… 향 올리기를 끝내면 사왕이 허리를 굽히고 사배하고 일어나 허리를 편다. …(중략)… 영의정이 대보를 사왕에게 드리면 사왕이 받아서 근시(近侍)에게 준다. 전하가 허리를 굽히고 사배하고 일어나 허리를 편다. …(중략)… 근시가 대보를 받들고 앞서서 간다. …(중략)… 액정서가 어좌를 근정전 한가운데에 베풀어 남향하고 또 보안(寶案)과 향안(香案)을 베푼다. 병조에서 여러 위를 통솔하여 대장(大仗)을 베풀고 군사를 정렬한다. 전악(典樂)이 악부(樂部)를 베푼다. …(중략)… 판통례가 부복하여 꿇어서 어좌에 오르기를 아뢰어 청하면 전하가 악차에 나온다. 오직 악부는 베풀기만 하고 하지는 않는다. …(중략)… 통찬이 '산호(山呼)'라고 창하면, 종친과 백관이 공수(拱手)하여 이마에 대고 '천세(千歲)'라 하며, '산호'라고 창하면 '천세'라고 한다. '재산호(再山呼)'를 창하면 '천천세(千千歲)'라고 한다. …(중략)… 종친과 백관이 홀을 내고 엎드렸다가 일어나서 사배하고 일어나서 허리를 편다. …(중략)… 전하가 어좌에서 내리어 여(輿)를 타면 산선 및 호위관이 시위하고 여차(廬次)로 돌아와서 면복을 벗고 상복을 도로 입는다. 봉례랑이 종친과 문무백관을 나누어 이끌고 나와서 조복을 벗고 도로 상복을 입는다. 드디어 근정전 문에 허위(虛位 : 죽은 왕을 위해 마련한 빈자리)를 베풀고 종친과 문무 백관이 최복을 갖추고 동서로 나누어 서림(序立)하고 교서를 반포한다.

 ## 문치를 숭상한 조선왕조

근정전으로 들어가는 가운데 큰 문 근정문 옆으로 동쪽과 서쪽에 작은 문 일화문(日華門)과 월화문(月華門)이 있습니다. 말 그대로 동쪽의 태양과 서쪽의 달이 상징하는 음양의 개념입니다. 일화문으로는 문신이, 월화문으로는 무신이 드나들었다고 적고 있습니다. 세종 때는 동서 행각의 융문루와 융무루 남쪽으로 각각 일화문과 월화문이 있었는데, 흥선대원군에 의해 복원되면서 문의 위치가 달라지고 크기도 작아졌습니다.

영제교에서 바라본 근정문과 좌우의 월화문과 일화문

조선왕조는 철저히 유교를 국가 경영의 기본으로 삼았습니다. 경복궁의 공간 배치에서 조선왕조의 문치를 숭상했던 유교적 이념이 경복궁 건축에 반영된 여러 가지 요소들을 확인해 볼 수 있습니다.

경복궁의 중심축은 우선 음양에서 양과 음의 개념으로 공간을 동서로 구분하고 있습니다. 양은 동쪽, 하늘, 해, 봄, 남자, 홀수, 활기참, 밝음, 따뜻함이며, 음은 서쪽, 달, 가을, 땅, 여자, 짝수, 조용함, 어두움, 차가움으로 양과 음의 개념으로 볼 때 양은 음보다 위에 놓였습니다. 따라서 근정전의 조정 마당 품계석의 배치에서도 조선왕조가 문치를 숭상한 유교적 이념을 엿볼 수 있습니다. 문신의 품계석은 양의 개념인 동쪽에 두고, 무신은 음의 개념인 서쪽에 두어 문을 더 숭상했으며, 문신은 광화문의 동쪽 협문으로, 무신은 서쪽 문으로 드나들었습니다.

경복궁의 남북을 잇는 중심축은 계속되는 음양오행의 원리를 건축의 기본 개념으로 우리의 발길을 이끌어나갑니다. 건물 배치에 있어서 수직의 중심축으로 동서를 구분하여 동쪽에 건춘문, 일화문, 융문루, 만춘전, 연생전, 동궁이 있고, 서쪽에 영추문, 월화문, 융무루, 천추전, 경성전, 태원전(제례 공간)이 있습니다. 광화문은 양이고, 북문인 신무문은 음의 개념으로 해석됩니다. 향원지의 연지는 네모이고, 그 가운데 섬은 둥글지요. 도교사상에 의한 천원지방(天圓地方)의 이론이며, 동시에 양과 음의 조화를 추구하는 개념입니다.

[경복궁 화첩을 펼치며…]

동편 행각에서 바라본 근정전

근정전

자, 이제 근정문을 넘어 근정전(勤政殿) 마당에 서보실래요. 우리 앞에 두 벌 월대 위에 당당한 위엄을 보여주는 근정전이 보입니다. 근정전은 정도전이 지어 올린 이름으로 임금의 부지런한 자세가 정치의 으뜸이라는 뜻입니다. 옛 고사에 비추어 제왕으로서 나라를 다스리는 이치를 깨우치는 말이지요. 즉, 임금과 신하가 함께 교만과 안일을 경계하고 부지런한 자세로 백성을 위한 정치를 펼쳐야 한다고 강조하고 있습니다. 정도전은 다음과 같이 말했습니다.

● 태조 4년(1395) 10월 7일 2번째 기사
근정전과 근정문에 대하여 말하오면, 천하의 일은 부지런하면 다스려지고 부지런하지 못하면 폐하게 됨은 필연한 이치입니다. 작은 일도 그러하온데 하물며 정사와 같은 일은 얼마나 큰 일이겠습니까? 《서경》에 말하기를, '경계하면 걱정이 없고 법도를 잃지 않는다' 하였고, 또 '편안히 노는 자로 하여금 나라를 가지지 못하게 하라. 조심하고 두려워하면 하루 이틀 사이에 일만 가지 기틀이 생긴다. 여러 관원들이 직책을 저버리지 말게 하라. 하늘의 일을 사람들이 대신하는 것이다' 하였으니, 순임금과 우임금의 부지런한 바이며, 또 말하기를, '아침부터 날이 기울어질 때까지 밥 먹을 시간을 갖지 못해 만백성을 다 즐겁게 한다' 하였으니, 문왕의 부지런한 바입니다. 임금의 부지런하지 않을 수 없음이 이러하니, 편안히 쉬기를 오래 하면 교만하고 안일한 마음이 쉽게 생기게 됩니다. …(중략)…그렇다면 임금으로서 하루라도 부지런하지 않고 되겠습니까? 그러나 임금의 부지런한 것만 알고 그 부지런할 바를 알지 못한다면, 그 부지런한 것이 너무 복잡하고 너무 세밀한 데에만 흘러서 볼 만한 것이 없을 것입니다. 선유(先儒)들이 말하기를, '아침에는 정사를 듣고, 낮에는 어진 이를 찾아보고, 저녁에는 법령을 닦고, 밤에는 몸을 편안하게 한다'는 것이 임금의 부지런한 것입니다.
또 말하기를, '어진 이를 구하는 데에 부지런하고 어진 이를 쓰는 데에 빨리 한다' 했으니, 신은 이로써 이름 하기를 청하옵니다."

사정전과 연결되는 근정전 어도

근정전은 경복궁의 정전으로 마당은 국가의 공식행사, 즉 공식적인 대례(大禮)가 치러졌습니다. 즉위식, 신년하례식, 세자책봉례, 가례(嘉禮), 외국 사신 접견, 조례를 하던 곳입니다. 국가의례와 관련된 행사로는 중국 황제에 대한 망궐례(望闕禮 : 궁궐이 멀리 있어서 멀리서 궁궐을 바라보고 행하는 예)나 중국 사신이 가져온 칙서를 받는 의식과 왕이 만조백관으로부터 조하를 받는 의식이 있었습니다. 빈례(賓禮 : 외국 사신을 접대하는 의식)의 경우 중국의 사신은 태평관으로 왕이 직접 나가 칙사를 맞이하지만, 일본과 유구 등 이웃 나라 사신은 정전에서 맞이했습니다.

이 밖에 왕세자의 관례나 왕비를 맞는 의식, 왕세자빈을 맞는 의식 또는 고급관리 임용식들이 근정전에서 행해졌습니다. 또한 근정전에서는 종묘대제 같은 큰 제사나 나라에 경사가 있을 때 치르는 하례(賀禮)를 거행하고 교서를 반포하거나, 문무과 전시를 치르고 문과의 과거급제자 명단을 게시하는 의식도 거행했습니다. 이 마당에서는 또 노인들을 격려하는 기로연(耆老宴)도 치러졌습니다.

천하의 일은 부지런하면 다스려지고 부지런하지 못하면 폐하게 되는바,
하물며 정사와 같은 일은 얼마나 큰 일이겠습니까?

근정전 조정

근정전 마당을 조정(朝廷)이라 부릅니다. 조정에는 박석(薄石)이 깔려 있고, 월대를 바라보면서 조정의 중심부에 삼도가 있으며, 삼도 양쪽으로 동쪽과 서쪽에 ✿품계석(品階石)이 나열해 있습니다. 국가 행사 때 관리들이 자신의 품계대로 도열하던 표지석입니다. 동쪽 품계석에 문반이, 서쪽 품계석에 무반이 서로 마주 보고 섰습니다.

근정전에서 조하(朝賀 : 조정에 나아가 임금에게 하례하는 일)를 받을 때 왕은 침전인 강녕전에서 사정전으로 나왔다가 가마를 타고 사정문을 서서 근정전 어좌에 오르는데, 이때 왕은 근정전의 뒤편 문을 통해 정전에 들어가 어좌에 앉은 것으로 보입니다. 문무백관이 왕을 알현하는 조참은 조정에서 매달 4번(5일, 11일, 21일, 25일) 치러졌습니다.

자연석(화강암)을 거칠게 떠내어 깔아놓은 박석이 지니는 자연스러운 돌

> ✿ 품계석 : 조선시대 관리들의 품계는 1품부터 9품까지 정(正), 종(從)으로 나누어 18품으로 하고, 종6품 이상의 정·종은 다시 각각 상·하의 2계로 나누어 모두 30계(階)로 나누었다. 정3품 상계(上階) 통정대부 이상은 당상관, 정3품 하계(下階) 통훈대부 이하 종6품까지를 당하관, 참상(參上)이라 하고, 정7품부터 종9품까지를 참하(參下)라 하여 구분했다. 조정에 설치된 품계석은 1품부터 9품까지의 품계를 표시했는데 1품부터 3품까지는 정과 종을 구분했고, 4품부터 9품까지는 정만 세웠다. 동서 양쪽에 모두 12개씩의 품계석을 세웠다. 당상관은 말 그대로 당에 올라 임금을 가까이 모실 수 있는 위치, 즉 당상의 교의(交椅)에 앉을 수 있는 관원을 말한다.

박석 표면을 적시며 흐르는 물길

맛이 얼마나 장중하고 아름다운지는 근정전 조정에서만 느껴볼 수 있습니다. 비 오는 날 근정전 동남쪽 행각에서 조정의 박석 표면을 적시고 남쪽으로 흐르는 물길을 감상하는 일도 특별한 볼거리입니다.

그렇다면 품계석 주변의 박석에 박혀 있는 쇠고리는 무엇에 쓰였던 것일까요? 유럽의 옛 건축에는 집의 바깥 벽에 말고삐를 매던 고리가 박혀 있던데, 혹 이 고리도 그런 용도일까요? 실제로 사람들에게 무엇에 쓰였던 것인지 생각해보라고 하면 대부분 말고삐를

근정전 박석의 차일고리

근정전 기둥의 차일고리

1887년 정해진찬도병, '근정전진하도' (국립중앙박물관 소장)

잡아매던 고리일 거라고 말합니다. 그러나 옛 그림이나 궁중의 행사를 기록한 의궤(儀軌)를 보면 고리는 행사 때 해 가리개용 차일을 칠 때 그 끈을 고정시켰던 고리입니다. 이 쇠고리는 마당에만 박혀 있는 것이 아니고, 근정전의 기둥이나 창방에도 여러 개의 쇠고리가 박혀 있는 것을 볼 수 있습니다.

유럽의 옛 건물 벽에서 보이는 말고삐를 매던 고리

근정전, 태평성대를 꿈꾸다 89

{ 경복궁 화첩을 펼치며… }

장중한 멋을 보여주는 근정전 마당에 깔린 박석

근정전 행각

　근정전 조정은 동서남북으로 행각에 둘러싸여 있습니다. 북행각을 제외하고 모두 건물 보(기둥 위에서 지붕의 무게를 전달해주는 건축 구조물) 칸 중앙에 기둥이 있는 복랑 형식입니다. 고종 때에는 행각의 가운데를 막아 행각 시설에 물품을 보관하기도 했습니다. 그 예로 행각 기둥의 주추(땅 위에 놓아 기둥을 받쳐주는 구실을 하는 것)가 바깥 것은 둥근데 안쪽 것은 네모로 기둥과 기둥 사이를 막아 문을 달 수 있도록 했습니다. 가운데

융문루

기둥에는 실제로 당시에 문을 달았던 흔적이 남아 있습니다. 그리고 동행각에는 융문루(隆文樓), 서행각에는 융무루(隆武樓)를 두어서 국정 운영에 있어서의 문무의 조화와 중요성을 형상화한 것으로 볼 수 있습니다. 융문루에는 법전을 비롯한 서적류를 보관했습니다.

재미있는 것은 근정전에서 행사가 있을 때 사헌부의 관리들이 융문루와 융무루에 올라가 조회에 참석한 관리들을 감독했다고 합니다. 사헌부는 중앙과 지방의 행정을 감찰하고, 관원들의 기강과 풍속을 바로잡으며 백관에 대한 규찰과 탄핵을 담당하던 부서입니다. 두 다락집의 위치가 조회 시 백관들이 도열한 중간 지점이기 때문입니다. 그리고 융문루는 왕의 어마(御馬)가 서는 기준점이었다고 합니다.

정도전은 융문루와 융무루에 대해 다음과 같이 말했습니다.

● 태조 4년(1395) 10월 7일 2번째 기사
융문루·융무루에 대해서 말하오면, 문(文)으로써 다스림을 이루고 무(武)로써 난(亂)을 안정시킴이오니, 마치 사람의 두 팔이 있는 것과 같아서 하나라도 폐할 수 없는 것입니다. 대개 예악과 문물이 빛나서 볼 만하고, 군병과 무비가 정연하게 갖추어지며, 사람을 쓴 데에 이르러서는 문장 도덕의 선비와 과감 용맹한 무부(武夫)들이 경외(京外)에 퍼져 있게 한다면, 이는 모두가 문(文)을 높이고 무(武)를 높이게 한 것이며, 거의 전하께서 문무를 함께 써서 오래도록 다스림을 이룰 것입니다.

근정전 동쪽 행각을 통해서 사정전 쪽으로 가거나 근정전 월대에서 동쪽과 서쪽의 양 행각을 바라볼 때 행각 지붕을 눈여겨보면 흥미 있는 사실을 발견하게 됩니다. 지붕이 전체적으로 두 번 낮아지는 꺾임을 가지고 있는데, 이는 지세의 고저(高低)에 따른 지붕의 물매 처리를 한 것입니다. 근정전 북쪽 행각에서 남쪽 행각에 이르는 지면의 고저에 대한

동쪽 행각

차이를 생각해볼 수 있습니다. 우선 행각의 기단을 보면 한 단이 낮아질 때마다 대략 50센티미터 이상 차이가 나는데, 기단이 두 번 낮아졌으므로 근정전 북쪽과 남쪽 끝의 높이는 1미터 이상이 차이가 납니다. 실은 이러한 생각을 하지 않고 간다면 지세의 자연스러움 때문에 전혀 느끼지 못할 일이지만 근정전 마당의 물매를 완만히 경사지게 하여 물 빠짐을 원활하게 하고 있습니다. 그리고 땅에서의 기단 처리뿐 아니라 지붕의 선을 중간에 끊어 지면의 흐름과 높이에 따른 변화를 행각 지붕이 보여주고 있습니다. 이러한 지붕선의 처리는 경사진 곳의 담장 처리에도 같은 방식으로 나타나는데, 자칫 밋밋해지기 쉬운 선에 변화를 주는 구성의 묘미입니다.

# 월대에 오르다

　근정전 월대(月臺)를 오르는 가운데 계단, 어계(御階)에는 답도(踏道)가 있습니다. 말 그대로 해석하면 '왕이 밟는 길'입니다. 그러나 실제로 왕은 여(輿)를 타고 어계에 설치된 답도 위를 지나갔습니다. 근정전 답도에는 구름 속에 노니는 봉황이 한 쌍 조각되어 있습니다. 봉황은 상상의 영물로 오동나무숲에 깃들고 대나무열매를 먹으며, 살아 있는 것을 다치지 않고 태평성대에만 나타나는 상서로운 새라고 했습니다. 왕이 지나는 어계의 답도에 봉황을 새긴 의미로 백성을 위한 성군의 정치를 기원했던 사람들의 마음을 읽을 수 있습니다.

근정전

상월대의 답도

　그 옛날에 새긴 봉황이 아직도 제자리를 지키고 있는 것을 보면 과연 조선의 국왕들이 백성들을 사랑하기는 한 모양입니다. 아니면 태평성대의 출현에 미련이 남아 있는 봉황이 조금 더 기다려주고 있는지도 모르겠습니다. 아쉽게도 봉황의 형상이 점점 흐려지는 것이 곧 사라져버릴 듯 아슬아슬하기는 하지만 말입니다.

　답도의 양쪽에는 해치가 조각되어 있고, 어계에는 당초 문양을 새겼습니다. 당초는 영원히 이어갈 왕조의 번영을 기원하고 있습니다. 조정에서 행사가 있을 때 상월대에는 정3품 이상의 당상관들만 오를 수 있었고, 하월대에서는 악공들이 연주를 했다고 합니다.

　자, 이제 이 시점에서 다른 곳을 둘러보기 전에 우선 뒤를 돌아 근정문 쪽으로 남쪽을 바라보시겠어요? 박석 깔린 조정 마당을 굽어보는 장쾌함과 함께 광화문까지 일직선상에 놓인 장엄한 직선의 엄숙함을 느끼실 수 있을 겁니다. 당신은 지금 왕의 위치에서 남면(南面)하고 있습니다. 이처럼 월대는 말 그대로 달을 바라보는 높은 단을 말하기도 하지만 건축에 있어서 집을 지을 때 기단으로 쌓아올린 섬돌로 건물의 격을 높여주는 강한 상징성을 지닙니다.

뒤를 돌아 근정문 쪽으로 남쪽을 바라보시겠어요?
광화문까지 일직선상에 놓인 장엄한 직선의 엄숙함을 느낄 수 있습니다.

 ## 월대 엄지기둥의 서수 조각들

근정전 월대는 다른 전각의 월대보다 그 꾸밈이 예사롭지 않습니다. 월대의 꾸밈을 차근히 살펴보도록 할까요. 근정전의 월대는 상월대와 하월대, 이중으로 구성되어 있습니다. 상하월대 주변에는 장대석을 둘렀으며, 난간의 팔각 회란석을 받치고 있는 것은 하엽동자석입니다. 하엽동자석은 가운데를 살짝 묶어주는 영롱 장식을 두고 위아래 대칭으로 누 장의 연잎을 조각한 매우 아름다운 받침돌입니다.

하엽동자석

원숭이 조각상

　근정전 상월대의 동서남북 계단의 문로주(엄지기둥)에는 사방위신이 한 쌍씩 조각되어 있고, 상하월대를 돌아가며 12지신을 나타내는 동물이 역시 문로주에 조각되어 있습니다. 하지만 근정전의 12지 가운데 쥐와 말의 위치는 정확하나, 몇은 순서가 바뀐 것도 있고 개와 돼지는 빠져 있습니다. 12지신의 조각 가운데 자정을 나타내는 쥐를 북쪽에, 정오를 나타내는 말을 남쪽에 두었습니다. 말의 표정을 자세히 들여다보면 참 사랑스러운 아이가 눈을 깜박이고 있는 것 같은 표정이 매력적입니다. 그러나 뭐니뭐니 해도 12지 조각 중 압권은 원숭이 형상입니다. 으흠! 세상풍파 다 겪은 듯 초연한 자세로 앉은 모습이라니. 그 표정에 절로 공감이 가는 듯하다가도 웃음이 나오는 것을 참을 수 없네요.

어미 젖을 빨고 있는 새끼 해태의 모습

그리고 월대의 남쪽 동서 양끝에는 궁궐을 지키는 해태 가족이 조각되어 있는데, 그 모습이 아주 재미있습니다. 각자 자기 위치에서 왕을 호위하는 근위병의 역할을 충실히 하고 있군요. 새끼가 어미의 옆구리에 찰싹 붙어 있는 앙증맞은 모습이 보입니다. 어미의 젖을 빨고 있을까요? 동물까지도 대를 이어 왕을 지키겠다는 충성스러운 각오를 엿볼 수 있는 조각일 수도 있는데, 《한경지략》에는 이 동물 가족을 돌개로 소개하고 있습니다.

근정전 월대의 돌조각들은 대체로 그런 표정으로 대충 무서운 척하고 있습니다. 뭐 이빨을 앙다물고 있기는 하지만 '대충'입니다. 아주 살벌하게 무서운 인상은 이곳에서 찾아볼 수 없습니다. 우리는 이미 영제교에서 근엄한 분위기에 허를 찌르는 익살스런 천록을 만난 적이 있지요? 궁궐이라는 근엄한 현장에서 이런 자못 우스꽝스러운 표정이라니. 이건 순전히 조각하는 사람의 심성이 그렇게 생겼으니 제 생긴 대로 저 같은 표정의 작품을 내놓았다고 해석할 수밖에 없습니다. 자못 예술가란 자기 성향대로 저 닮은 작업을 하는 게 그들의 개성이겠지요. 그렇게 생긴 사람이 또 그렇게 생긴 돌을 쪼았으니 이런 결과는 당연한 겁니다.

중국이나 일본 궁궐의 석수 조각들을 보면 그 살벌한 인상의 사실성에 깜짝 놀라고 실제로 두려운 마음이 들게 합니다. 실은 그렇게 무서운 인상이라야 궁궐에 접근하는 자에게 위엄을 갖추고 겁을 줄 수 있는 것입니다. 화강암은 단단하고 거친 돌입니다. 이런 돌을 가지고 아주 사실적으로 세밀하게 묘사하려면 자칫 돌의 성향을 거스르게 됩니다. 우리 조선의 옛 석공은 돌의 성질을 알고 그 돌이 만들어 내고 싶은 인상을 허락했을 것입니다. 바로 이 땅에서 출토되는 가장 흔한 돌 화강암이 지니는 투박하고 거칠지만 따뜻한 돌의 성질을 이끌어낸 조선 석공들의 뛰어난 솜씨를 근정전 석수 조각이 보여주고 있습니다.

월대 엄지기둥 위 주작

{ 경복궁 화첩을 펼치며… }

근정전 월대 난간의 하엽동자석

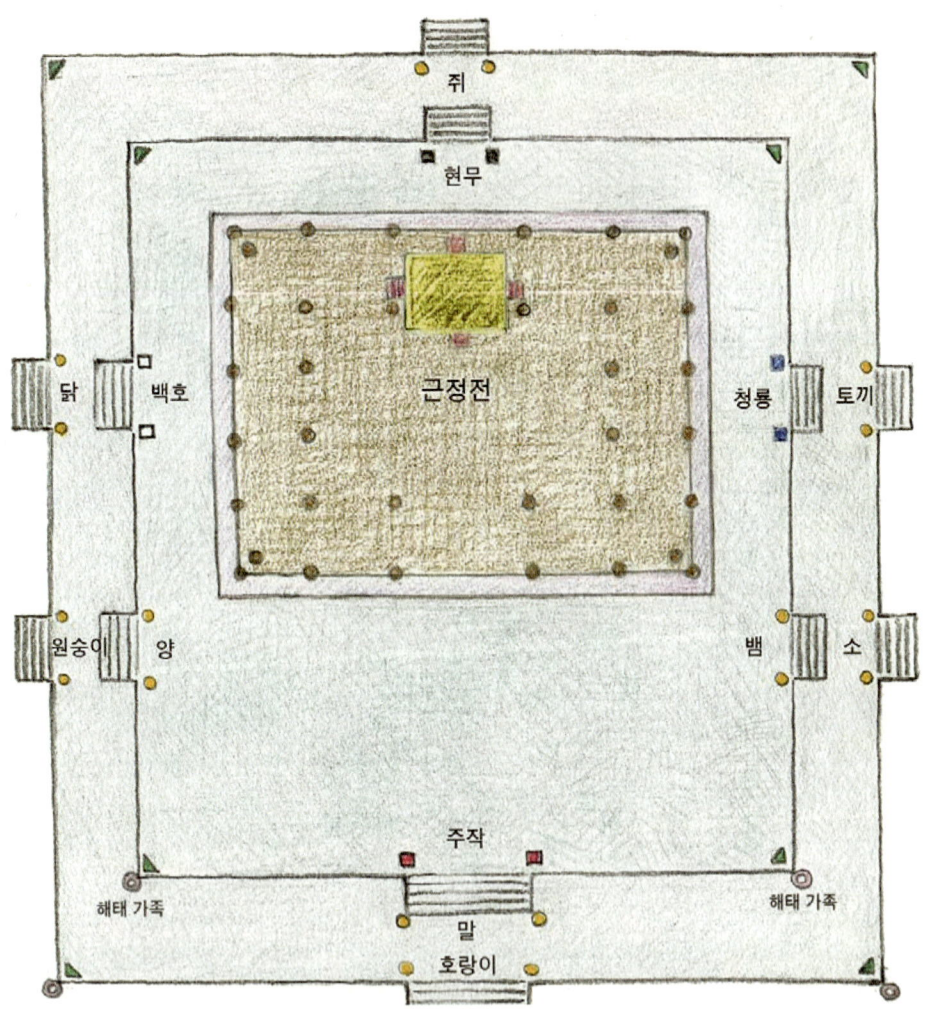

쥐 　　소 　　호랑이 　　토끼 　　뱀

말 　　양 　　원숭이 　　닭 　　상하월대 석수

백호 　　청룡

현무 　　주작 　　해태 가족상과 하월대 석수

근정전, 태평성대를 꿈꾸다

근정전 월대의 석수 조각에서 조선 석공들의 해학적인 심성을 읽을 수 있습니다.

향로와 드므

정

정(鼎 : 향로)은 고대 중국에서 유래된 왕권을 상징하는 배가 둥근 솥으로 다리 셋에 테두리에 귀가 둘 달린 향로 모양입니다. 근정전 월대 양쪽에 붙박이로 있는 큰 향로는 이곳에서 행사가 있을 때 향을 피웠던 것으로 1900년대 초 근정전 월대의 사진에 보면 향로에 뚜껑을 덮었습니다.

향을 피우는 행위는 인간이 하늘과 소통하는 또 하나의 방식으로 해석할 수 있습니다. 세 개의 다리는 왕의 권위와 명예와 부를 상징합니다. 향로의 다리는 사자 모양으로 불과 연기를 좋아하는 산예(狻猊)를 형상화한 것입니다. 향로 테두리에는 팔괘(八卦)가 투각되어 있습니다.

하월대 동쪽과 서쪽 계단 옆에 있는 무쇠로 만든 큰 물동이는 드므라고 부릅니다. 지금은 그곳에 쓰레기를 버리는 몰지각한 관람객들 때문에 뚜껑을 씌워 놓아 그 용도를 잘 짐작할 수 없게 해놓았습니다. 원래 궁궐 전각의 드므는 화재가 났을 때 불을 끄는 소방수를 채워놓았던 소방기구입니다. 조선의 전통 건축 재료는 기와와 주춧돌을 제외하고는 대부분 나무를 썼고 목

하월대 계단

조 건축이 화재에 취약한 것은 누구나 아는 일입니다. 더구나 회랑이나 행각으로 연결되어 있는 궁궐의 건축은 더더욱 화재를 염려하지 않을 수 없었겠지요. 옛사람들은 화마(火魔)가 하늘로부터 온다고 믿었는데 집을 향해 오던 화마가 드므에 담긴 물에 비친 자기의 모습을 보고 그 흉측한 모양새에 놀라 달아나주기를 바랐던 벽사의 의미도 있습니다. 겨울철에 물이 얼지 않도록 불을 땠던 흔적인지 드므를 받치고 있는 돌이 검게 그을렸습니다. 그리고 동지에는 드므에 팥죽을 쑤어 나누어주었다는 이야기도 있습니다.

드므

근정전 들여다보기

통층

근정전 건물은 중층 건물로 밖에서 보면 마치 2층집처럼 보입니다. 그러나 가까이에서 안쪽을 들여다보면 네 귀퉁이를 고주(高柱 : 내진주)가 받치고 있는 높은 천장의 통층(通層) 구조이고, 바닥에는 전돌이 깔려 있습니다. 이 건물이 일상 거주하는 곳이 아니라 행사를 위한 특별한 공간이라는 것을 알 수 있습니다.

칠조룡

근정전 천장은 ✿소란(小欄)반자로 꾸몄습니다. 천장의 한가운데를 약간 높여 감실처럼 만든 후에 작은 첨차(檐遮 : 도리 방향으로 놓이는 공포 부재)를 짜 올려 화려하게 장식한 부분이 있는데, 이를 보개천장이라 부릅니

> ✿ **소란반자** : 다포계의 건물은 대부분 천장을 반자틀로 정(井) 자 형으로 울거미를 만들고 정방형의 청판(廳板 : 덮개판)을 덮은 구조의 우물반자로 만들고 이 위에 단청을 올린다. 이를 우물천장이라고 한다. 원래 소란은 무늬방이나 소반 같은 데에 나무를 가늘게 오려서 돌려 붙이거나 제 바탕을 파서 턱이 지게 만든 물건을 말한다. 소란반자는 반자를 '井' 자 여럿을 모은 것처럼 소란을 맞추어 짜고 그 구멍마다 네모진 널조각의 개판(蓋板)을 얹어 만든다. 반자는 우물반자를 기본으로 하고, 천장의 가운데를 화려하게 장식하고자 할 때 소란반자를 첨가한다.

칠조룡

다. 보개천장의 기원은 귀한 사람의 머리 위에 씌웠던 우산인 산개(傘蓋)에서 비롯되었다고 추정됩니다. 이 보개천장 한가운데에는 왕권을 상징하는 그 웅혼한 기상을 드러낸 쌍룡이 조각되어 짧은 쇠고리에 바짝 매달려 있습니다. 쌍룡은 금박을 입힌 목조각으로 근정전이 무소불위의 지엄한 왕이 주관하는 공간임을 말해주고 있습니다.

  용은 왕의 지위를 상징하는 최고의 덕목을 고루 갖춘 존재입니다. 용은 늘 엄하면서도 너그러운 존재로 묘사됩니다. 우리가 그의 역린(逆鱗)만 거스르지 않는다면 말입니다. 전설에 의하면 용은 모두 81개의 비늘을 몸에 지니고 있는데, 이는 양의 수 중에 가장 큰 극양(極陽)의 수 9가 두 번 겹친 수(9곱하기 9는 81)인 81을 의미합니다. 81개의 비늘 중에는 턱 밑에 한 자 정도 되는 거꾸로 난 비늘 한 개가 있는데, 이를 역린이라고 부릅니다. 용은 평소에는 군왕의 위엄과 너그러움을 지녔으되, 누군가 용의 역린을 잘못 건드린다는 것은 곧 죽음을 의미했습니다. 이는 상대

근정전 용상의 화려함이 눈길을 끕니다.

방에 따라 말로 설득하는 일이 얼마나 어려운지, 또 그 설득에 실패했을 경우에 닥치는 위험, 특히 그 상대가 왕인 경우를 들어 말하고 있는 것입니다. 왕의 말을 거스르는 행위 역린, 그러나 조선왕조 내내 선비의 곧은 심성과 기개로 그의 역린을 거슬려 차라리 죽음을 택했던 푸른 정신은 얼마나 많은 붉은 피로 이 땅의 기운을 살려냈던가요. 사육신이 그러했으며 조광조 또한 그러했습니다.

근정전의 용은 일곱 개의 발톱을 가진 칠조룡(七爪龍)입니다. 예로부터 용의 등급은 그 발가락 수로 구분했다고 합니다. 황제나 제왕의 용은 다섯 개의 발톱을 가진 오조룡으로 그려집니다. 그런데 칠조룡이라니 알 수 없는 일입니다. 누군가 조선의 기상을 높이 세우기 위해 일을 저지른 게 아니었을까 생각하니 조금은 통쾌해집니다.

닫집

근정전의 어좌 위에는 불상의 머리 위에 설치된 것과 비슷한 구조물이 있는데, 이를 '닫집'이라고 부릅니다. 닫집은 왕권의 존엄을 나타내기 위해 설치하는데, 공포(栱包 : 기둥과 보, 기둥과 도리 등의 수직재와 횡재가 맞추어질 때 서로 짜여져 여러 부재가 결속된 것을 말한다)를 짜 올려 굉장히 화려하게 치장을 했습니다. 그리고 닫집의 공포 아래에는 짧은 기둥이 달려 있고, 그 끝에 연꽃 봉오리가 조각되어 있습니다. 이는 연봉이 물에 잠긴 형상으로 화재를 예방하고자 하는 의미를 지니고 있습니다. 닫집의 보개천장에도 한 쌍의 황룡이 조각되어 있습니다.

2000년 근정전은 대대적인 보수공사에 들어갔는데, 근정전 상층을 해체할 때 상량문(上樑文)과 함께 발견된 유물 중 아주 흥미로운 것이 나

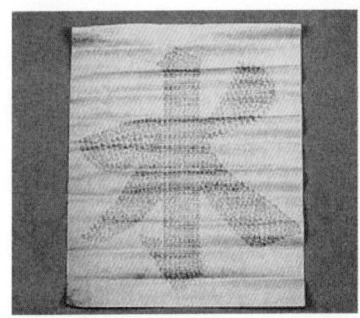
'水' 자를 쓴 장지

'水' 자문 육각형 은판

타났습니다. 작은 '용(龍)' 자 천여 개를 써서 큰 '수(水)' 자 형상을 만든 붉은색 장지가 두 장 발견되었습니다. 그리고 역시 붉은 색 장지에 먹으로 그린 용 그림 한 점, 육각형의 각 모서리에 '수' 자를 음각한 은판 다섯 개가 있었습니다. 용자 천여 개로 만든 '수' 자는 용으로 물을 다스려 화마를 막기 위한 벽사의 장치였던 것입니다. 용은 왕권을 상징하기도 하지만, 물을 다스리는 치수(治水)의 의미도 내포하고 있습니다. 목조 건물에서 가장 무서운 것이 불이지요. 옛사람들이 불로부터 건물을 보호하기 위한 부적으로 용 그림과 '수' 자 문양 장지 외에 '수' 자가 새겨진 은판을 상량의식 때 근정전의 상층부 중도리 장여에 홈을 파고 넣은 뒤 뚜껑을 만들어 닫아 설치했던 것입니다.

일월오봉병

정전의 용상은 아주 높게 설치되어 있고, 어좌에 오르는 계단은 앞뒤 좌우 모두 4개입니다. 정전 어좌의 팔걸이와 등받이는 투각기법으로 화려하게 꾸몄습니다. 문양은 용과 연꽃, 모란입니다. 어좌 뒤에는 역시

일월오봉병

투각기법으로 조각한 나무 삼곡병(三曲屏)으로 치장을 했습니다. 삼곡병에 나타나는 문양 또한 용, 연꽃, 모란이 주류를 이룹니다.

그리고 그 뒤에 일월오봉병(日月五峰屏)이 둘러지는데, 그림은 '일월오악도(日月五嶽圖)'로 불리기도 합니다. 푸른 하늘 왼편의 흰 달과, 오른편의 붉은 해는 다섯 개의 산봉우리를 비치고 있습니다. 붉은 줄기의 소나무 두 그루와 양쪽 계곡에서 쏟아지는 내리꽂히듯 힘찬 폭포가 물보라를 만들고, 산 아래 넘실대는 파도가 펼쳐져 있습니다. 일월은 해와 달을 의미하고 양과 음의 개념으로 왕이 관장하는 우주 전체로 확대 해석할 수도 있습니다. 오봉산은 오악을 상징하는데, 곤륜산(崑崙山)으로 왕이 다스리는 전 국토를 의미합니다. 우리나라 한반도 동악의 금강산, 남악의 지리산, 서악의 묘향산, 북악의 백두산, 중악의 삼각산입니다. 일월오악도에는 파도를 그려서 정사를 펼치는 조정을 의미했는데, 바다의 파도 조(潮)와 조정(朝廷)의 조(朝)의 발음이 같은 데서 유래했습니다. 즉, 일월오악도는 한국 전래의 오악신앙(산신신앙)에 그 배경을 두고 있으며 왕의 절대적 권위에 대한 칭송과 왕조의 무궁한 번영을 기원하는 그림입니다.

임금의 두터운 덕이 빛처럼 골고루 구석구석에 스며드는 다스림을 '덕치(德治)'라고 합니다. 하늘의 해와 달이 밤낮으로 다섯 산봉우리를 비추고 있습니다. 따라서 일월오악도는 임금의 덕치가 나라 구석구석까지 해와 달처럼 환하게 밤낮으로 비추기를 바라는 뜻과 함께 영원무궁토록 왕조가 번창할 것을 기원하고 있습니다. 왕권을 상징하는 일월오봉병은 법전의 어좌 뒤에만 설치되는 것이 아니고 왕의 집무실인 편전이나 창덕궁의 신선원전 감실 등 왕을 모시는 전각에 늘 설치되었고, 왕이 궁 밖으로 거둥할 때에도 따라다녔습니다. 조선 왕실의 일월오악도는 화려한 진채의 민화풍으로 그려진 조선 최고의 궁중화입니다.

4 사정전, 백성을 생각하다

'생각하면 슬기롭고 슬기로우면 성인이 된다' 했으니
생각이란 것은 사람에게 있어서 그 쓰임이 지극한 것입니다.

# 왕의 집무실, 사정전

사정전(思政殿)의 이름은 정도전이 지어 올린 것으로 임금이 깊게 생각해서 옳고 그름을 가려 백성을 굽어 살필 수 있는 마음가짐으로 치자(治者)의 본분을 일깨우려는 의미입니다.

● 태조 4년(1395) 10월 7일 2번째 기사
사정전에 내이서 말하면, 천하의 이치는 생각하면 얻을 수 있고 생각하지 아니하면 잃어버리는 법입니다. 대개 임금은 한 몸으로써 높은 자리에 계시오나, 만인의 백성은 슬기롭고 어리석고 어질고 불초함이 섞여 있고, 만사의 번다함은 옳고 그르고 이롭고 해됨이 섞여 있어서, 백성의 임금이 된 이가 만일에 깊이 생각하고 세밀하게 살피지 않으면, 어찌 일의 마땅함과 부당함을 구처(區處)하겠으며, 사람의 착하고 착하지 못함을 알아서 등용할 수 있겠습니까? 예로부터 임금이 된 자로서 누가 높고 영화로운 것을 바라고 위태로운 것을 싫어하지 않겠습니까마는, 사람답지 않은 사람을 가까이 하고 좋지 못한 일을 꾀하여서 화패(禍敗)에 이르게 되는 것은, 진실로 생각하지 않는 것에서 비롯된 것입니다. 《시경》에 말하기를, '어찌 너를 생각하지 않으랴마는 집이 멀다' 하였는데, 공자는 '생각함이 없는 것이다. 왜 멀다고 하리오' 하였고, 《서경》에 말하기를, '생각하면 슬기롭고 슬기로우면 성인이 된다' 했으니, 생각이란 것은 사람에게 있어서 그 쓰임이 지극한 것입니다. 이 전(殿)에서는 매일 아침 여기에서 정사를 보시고 만기(萬機)를 거듭 모아서 전하에게 모두 품달하면, 조칙(詔勅)을 내려 지휘하시매 더욱 생각하지 않을 수 없사오니, 신은 사정전이라 이름하옵기를 청합니다.

근정전 북쪽 담장이 사정전의 행각입니다. 근정전 월대 북쪽 계단을 내려가 사정문(思政門)으로 들어서면 왕의 집무 공간인 사정전이 나옵니

천추전의 아궁이와 굴뚝

다. 사정전은 왕이 평상시에 거처하면서 정사(政事)를 돌보는 편전(便殿)으로 사용된 곳입니다.

　사정전의 바닥은 우물마루입니다. 마룻바닥이니 추운 겨울철에는 이곳에서 업무보기가 어려웠을 것입니다. 사정전 옆의 만춘전(萬春殿)과 천추전(千秋殿)의 기단 측면에는 불을 땔 수 있는 아궁이가 보입니다. 계절에 따라 활용할 수 있도록 두 건물에는 난방시설을 한 것입니다. '만춘(萬春)'은 '만년의 봄'이요, '천추(千秋)'는 '천년의 가을'입니다. 동쪽의 방위가 봄이니 만춘전이라 하고, 서쪽이 가을이니 천추전이라 했습니다. 여기서 '만'과 '천'은 '오래고 영원하다'는 의미를 가지며 국가의 기틀이 오래도록 지속되기를 바라는 의미입니다. 천추전은 세종 때 집현전 학사들이 사용했다고도 합니다.

눈을 돌려 사정문 남쪽 행각을 보시겠어요. 사정전의 남쪽 행각에 길게 늘어선 일자형 건물 문마다에 무슨 팻말이 붙어 있습니다. 그것은 왕의 개인 물품을 보관하던 내탕고로 서쪽부터 각 칸마다 천자문의 순서(天·地·玄·黃·宇·宙·弘·荒·日·月)로 이름표를 달았습니다. 천자고(天字庫), 지자고(地字庫), 황자고(黃字庫), 우자고(宇字庫)하는 식으로 읽었습니다. 지금으로 보자면 창고 1, 2, 3, 4… 이거나, 창고 A, B, C, D…인 셈입니다. 맨 끝 동편의 창고가 월자고(月字庫)입니다.

사정전 남쪽 행각

 운룡도

　사정전의 바닥은 우물마루로 되어 있고 내부에 어좌가 설치되어 있습니다. 사정전에서는 대신, 중신, 중요 아문의 당상관, 경연관, 승지, 사관 등이 매일 왕을 알현하는 상참(常參)이 있었고, 왕과 신하가 국정을 의논했습니다. 또한 이곳에서 왕은 신하들과 경연을 열어 학문을 게을리하지 않았는데 세종은 20년 동안, 성종은 25년 동안 하루도 경연을 거르지 않았습니다. 더욱이 성종은 하루에 세 번의 경연을 가졌다고 합

사정전 내부의 어좌

사정전의 운룡도

니다. 과연 그토록 공부를 좋아하셨던 왕을 모셔야 하는 신하들에게 그 학문을 따라가기 위한 궁궐 생활은 만만치 않았을 것 같습니다.

사정전에 걸린 운룡도(雲龍圖)는 실제로 언제 그려졌는지, 또 원래부터 사정전에 걸려 있던 그림인지 그 진위가 확실치 않습니다만, 사정전의 역할뿐 아니라 왕과 신하의 관계를 상징적으로 보여주는 그림입니다.

조선왕조실록

　조선왕조실록(朝鮮王朝實錄)은 왕조 창건부터 472년간의 25대에 이르는 국왕(태조~철종)의 역사적인 기록으로 1997년 10월 세계기록문화유산으로 유네스코에 등재되었습니다. 조선왕조실록은 한 왕조의 실록으로는 세계에서 가장 장구한 세월에 걸친 기록문화입니다. 가장 풍부한 내용을 담고 있는 백과사전적인 조선왕조실록은 조선시대의 정치, 외교, 사회, 경제, 학예, 종교생활부터 천문, 지리, 음악, 그리고 과학적 사실이

사정전

나 자연재해, 천문 현상과 그 당시 동북아의 외교관계까지 수록되어 있는 역사서입니다.

❋사관(史官)의 기록은 군주라 해도 함부로 열람할 수 없었으므로 그 비밀이 보장되었던 제도로 인해 실록의 진실성과 신빙성을 보장받았습니다. 활자로 인쇄 간행된 조선왕조실록은 한국 인쇄문화의 전통과 높은 문화 수준을 보여줄 뿐 아니라 조선 말기까지 수많은 전란을 치르면서도 이들 실록이 완전하게 보존된 것은 세계적으로도 그 유래를 보기

조선왕조실록(국보 제151호)

❋ 사관 : 왕은 아침 조회인 상참이 끝나면 승지를 비롯하여 공무가 있는 신료들로부터 업무보고를 받았다. 이때는 반드시 사관이 동석하여 왕에게 보고되는 모든 사항을 직접 듣고 기록했다. 사정전 안에는 두 개의 작은 탁상이 있는데, 어전회의에는 회의 내용을 일일이 기록하던 사관들이 양쪽에 앉았

다. 고대 중국에는 원래 천자의 말을 기록하는 좌사(左史)와 행동을 기록하는 우사(右史)가 있었다고 한다. 왕과 관리들이 그들의 기록으로부터 결코 자유로울 수 없었을 뿐만 아니라 그들의 기록인 사초(史草)는 왕의 사후에 〈승정원일기承政院日記〉, 〈일성록日省錄〉, 〈춘추관시정기春秋館時政記〉와 함께 실록 작성의 가장 중요한 자료가 되었다. 특히 사초는 사관들이 국가의 모든 회의에 빠짐없이 참가하여 왕과 신하들이 국사를 논의하고 처리하는 것을 사실대로 기록하는 동시에 그 잘잘못과 인물에 대한 비평뿐 아니라 기밀사무 등을 직필했다. 더구나 조선시대에는 사법(史法)이 매우 엄하여 사관 이외에는 아무도 볼 수가 없었으며, 왕이라 하더라도 결코 그들의 사초를 볼 수가 없었다. 그만큼 조선왕조의 기록문화에 관한 사관들의 도덕성은 엄격했으며, 그들의 기록은 그 비밀을 보장받았다.

힘든 예입니다. 선왕의 실록 편찬이 끝나면 최종 원고 4부를 인쇄하여 서울의 춘추관과 불의의 사고에 대비하기 위하여 깊은 산중에 지은 사고(史庫)에 보관했습니다. 초기에는 서울 춘추관사고, 충주사고, 성주사고, 전주사고에 보관했고, 후기에는 춘추관사고, 마니산사고, 태백산사고, 묘향산사고, 오대산사고에 보관했습니다.

조선왕조실록에는 사냥을 좋아하던 태종이 사관을 두려워했던 재미있는 기사가 보입니다.

● 태종 4년(1404) 2월 8일 4번째 기사
친히 활과 화살을 가지고 말을 달려 노루를 쏘다가 말이 거꾸러짐으로 인하여 말에서 떨어졌으나 상하지는 않았다. 좌우를 돌아보며 말하기를, "사관이 알게 하지 말라" 하였다.

이 실록 기사에서 보면, 사냥을 좋아했던 태종은 자신이 휴식을 취하기 위해 사냥을 가는 데까지 따라온 사관이 못마땅했으나 사관의 동행을 거부할 수 없었다는 것을 알 수 있습니다. 왜냐하면 사관의 임무는 왕의 모든 말과 행적을 기록해야 하는 무거운 책무를 수행하는 데 한 치도 소홀할 수 없었으니 말입니다. 가뜩이나 불편하고 못마땅한 터에 신경을 지나치게 쓴 탓인지 그만 활을 쏘다가 말에서 떨어졌습니다. 당장 아픈 것은 고사하고 이 또한 사관이 기사로 쓰게 되면 역사에 영원히 남을 망신이니 왕께서 말에서 떨어진 후 좌우를 돌아보며 한 첫마디가 "사관이 알게 하지 말라"였습니다. 그런데 그 사건이 사관으로 하여금 모르게 하는 일에 실패했음은 물론이고, 지금 2000년대에까지 온 국민이 다 알 수 있도록 인터넷에 실록이 공개되었습니다. 자신이 말에서

근정전 월대에서 바라본 사정전 지붕

떨어진 것을 사관이 모르게 하라던 왕의 간절한 외침과 함께.

그리고 세종 때 실록에는 조선왕조실록 편찬의 독립성을 보장했다는 기록이 보입니다. 우리는 이 실록 기사를 통해 사관의 강직한 기개와 함께 왕까지도 그 정당성에 굴복하지 않을 수 없었던 역사적 사실을 읽을 수 있습니다.

● 세종 20년(1438) 3월 2일 4번째 기사
임금이 도승지 신인손에게 이르기를, "옛날 우리 태종께서 《태조실록》을 보고자 하니, 변계량 등이 이르기를, '《태조실록》은 편수(編修)하기를 매우 잘하여 사실을 모두 바르게 썼는데, 이제 전하께서 나아가 보신 뒤에 내려주신다면, 후세 사람들은 모두 믿지

사정전, 백성을 생각하다

못할 사기라 하여 도리어 의심할 것입니다' 하므로, 태종께서 보시지 못하였다. 나는 또 '자손으로서 조종의 사업을 알지 못하면 장차 무엇으로 감계(鑑戒)할 것인가' 하고, 《태조실록》을 보고자 하여 여러 신하에게 상의하였더니, 유정현 등이 '조종이 정해 놓은 법에 의거하여 조종의 사업을 잘 계술(繼述)하는 것이 실상은 아름다운 뜻이 된다' 하므로, 이에 볼 수 있었다. 지금 또 생각하니, 만약 당시의 사기가 아니면 조종이 정한 법을 보는 데에 있어, 조와 종에 무슨 구별이 있겠는가. 이미 《태조실록》을 보았으니 《태종실록》도 또한 보는 것이 마땅하다고 여겨지니 여러 겸춘추에게 상의하라" 하였더니, 대신 황희·신개 등이 모두 말하기를, "역대 임금으로서 비록 조종의 실록을 본 사람이 있더라도 본받을 것은 아닌가 합니다. … 역대 사기가 갖추어져 있는데 어찌하여 반드시 지금의 실록을 보아야 하겠습니까. 하물며 조종의 사기는 비록 당대는 아니나 편수한 신하는 지금도 모두 있는데, 만약 전하께서 실록을 보신다는 것을 들으면 마음이 반드시 편하지 못할 것이며, 신 등도 또한 타당하지 못하다고 여깁니다" 하니, 임금은 마침내 보지 아니하였다.

❖ 세초를 하던 세검정

한양도성의 북문인 창의문 고개를 넘어 산세가 수려하고 계곡이 맑은 곳에 세검정이 있다. 《동국여지비고》에 의하면 열조의 실록이 완성된 후에는 반드시 세검정 계곡에서 세초(洗草)를 했다고 한다. 그중 숙종~영조 연간의 문신인 조문명(趙文命, 1680~1732)이 숙종실록 편찬 세초연에서 노래한 한시가 전해져온다.

寸管那能盡畫天(촌관나능진화천) 작은 붓으로 어찌 하늘을 다 그려 내리오.
於休盡德百王前(어휴진덕백왕전) 아아! 성대한 덕은 백왕보다 앞서도다.
十年始訖編藝役(십년시흘편예역) 십년만에 비로소 실록편찬의 일을 마치고
暇日初開洗草筵(가일초개세초연) 한가한 날에 사초 씻는 잔치를 막 열었네.
晚後溪炊當美饌(만후계취당미찬) 저녁에 시내에서 밥지으니 맛난 음식이요.
雨餘山水勝鳴絃(우여산수승명현) 비 온 뒤의 물소리는 거문고 소리보다 낫네.
舊時參筆今如夢(구시참필금여몽) 지난날 붓을 들었던 것이 이제 꿈결 같은데
手閱成書更泫然(수열성서갱현연) 직접 완성된 책을 보니 다시금 눈물이 흐르네.

사정전에서 강녕전으로 이어지는 어도는 교태전까지 이어집니다.

 해시계

지금 해시계는 사정전 앞에 설치되어 있습니다. 사정전 앞은 공간이 좁아서 누군가 해시계의 시각을 알아보려 한다면 좁은 발받침으로 꽤나 옹색한 느낌이 듭니다. 더구나 공부하러 궁궐에 온 학생들이라도 기다리고 있다면 어른들은 그냥 양보하는 게 낫겠습니다. 원래 조선시대에 해시계를 설치했던 수정전 앞쪽의 넓은 공간으로 옮겨주면 좋을 텐데 말입니다.

세종 때 장영실이 만든 앙부일구(仰釜日晷)는 시각과 24절기를 동시에 알려줍니다. 앙부일구의 안쪽 면에는 13개의 위선으로 24절기선을 표시하고, 여러 개의 경선으로 시각선을 긋습니다. 시각선과 절기선은 서로 직교(直交)합니다. 둥근 솥 모양을 하고 있는 해시계는 정북을 가리는 그림자 침으로 시각을 읽는데, 솥의 테두리 남쪽에 '한양북극고 삼십칠도이십분(漢陽北極高 三十七度二十分)'이라고 적고 있어서 당시에 이미 한양의 북위고도를 측정해냈던 높은 과학 수준을 보여주고 있습니다.

세종은 1434년 앙부일구를 만들어 각 궁궐뿐 아니라 종묘 앞에, 그리고 사람들의 통행이 많은 혜정교(지금의 광화문 우체국 자리) 근처에 두어 일반 백성들도 시각을 알게 했습니다.

그러면 우리도 해시계를 읽어보실까요.

❖ 해시계 읽는 방법

1. 앙부일구의 바닥에 구멍이 있어 물을 부어 그 밑의 십자 틀에 물을 수평이 되게 설치한다.
2. 테두리의 남쪽에 표기된 '한양북극고삼십칠도이십분'은 당시 한양의 북위 고도를 읽고 있다.
3. 그림자 침은 정북을 가리킨다.
4. 그림자가 가리키는 선의 위치 중 가로 선은 절기를 나타내고, 세로 선은 시각을 나타낸다.
   시각 표시는 해 그림자를 볼 수 있는 묘(卯) · 진(辰) · 사(巳) · 오(午) · 미(未) · 신(申) · 유(酉)시까지 낮 시간만 표시했다.
5. 24절기는 동쪽에는 하지부터 동지까지, 서쪽에는 동지부터 하지까지 테두리 양쪽에 나누어 표기했다.
6. 안쪽에 가로로 그어진 절기선 중 맨 위의 선은 동지를 나타내고, 맨 아래의 선은 하지선이다. 나머지 11개의 절기 선은 모두 이 선에 평행한다.

시각 측정은 다음과 같이한다.
1. 1시간은 4각(刻)으로 구분되고 1각은 15분씩이다.
2. 정중앙의 곁선(세로선)은 낮 12시, 오(午)시이다.
3. 설치되어 있는 해시계의 위치는 동경 127도로 진태양시이다. (현재 우리는 동경 135도에 맞춘 표준태양시를 사용하고 있다.)
4. 지구는 태양 궤도를 14.5도 기울어진 지구 축으로 자전하며 공전한다.
5. 해시계를 읽으려면 위의 조건으로 산출한 시각 보정치를 더해준다.

보정치(분)

	1월	2월	3월	4월	5월	6월	7월	8월	9월	10월	11월	12월
1~10일	35~39	46~47	45~43	37~33	29~29	29~31	35~37	39~37	32~28	21~19	15	20~26
10~20일	39~43	47~46	43~40	33~30	28	31~33	38~39	37~35	28~24	19~17	15~17	26~30
20~30일	43~46	46~45	40~37	30~29	28~29	33~35	39	35~32	24~21	17~15	17~20	30~35

왼쪽 해시계 사진의 정침은 현재 절기선 입동을 지나고 오후 2시 정도를 가리키고 있다. 11월 10일~20일 사이에 해당하는 보정치 17분을 더해주면 현재 시각은 2시 17분 정도이다. 해시계를 읽어서 현재 시각을 산출해보면 약간의 오차가 있지만, 여전히 시각을 알려주는 그 정확성에 놀라곤 한다.

5 수정전, 집현전 학사를 만나다

수정전 내부의 복도를 통해 시원한 여름을 만납니다.

 # 수정전

　사정전 영역의 천추전을 지나 천자고 옆 작은 문을 나서면 경복궁 서편으로 툭 트인 공간이 펼쳐집니다. 옛날 만원권 지폐 뒷면에는 경회루가 그려져 있었습니다. 그 웅장한 2층 누각 경회루의 남쪽에 수정전(修政殿)이 있습니다. 이곳은 조선 초기에 집현전이 있던 곳으로 조선왕조의 학문, 과학, 예술의 산실이자 세종 때 문치의 본산이었습니다. 세종 25년(1443) 이곳에서 훈민정음이 창제되었고, 장영실에 의해 해시계, 물시계를 비롯한 각종 과학 기구가 발명되었으며, 박연이 아악(雅樂)을 정리했습니다. 당시 집현전의 남쪽에는 ✿보루각(報漏閣)을 두어 시각을 측정하였고, 궁성의 서북쪽 모퉁이에 ✿간의대(簡儀臺)를 두어 천문을 관측했습니다. 그리고 고종 때 복원된 수정전은 한때 고종의 편전으로 사용되었고, 후에는 군국기무처와 내각의 청사로도 쓰였습니다.

　수정전에는 큰 월대가 딸려 있어 이 건물의 격을 알 수 있습니다. 건

✿ **보루각과 간의대** : 세종 16년(1434)에 보루각과 간의대를 세웠다. 경회루 남쪽에는 보루각에 표준시계인 자격루(自擊漏)와 같은 누기(漏器)를 두어 시각을 측정했고, 서쪽에는 간의대를 쌓아 천문을 관측하도록 했다.

장영실이 자격루를 세웠던 장소임을 알려주는 표지석

수정전, 집현전 학사를 만나다

물의 뒤편 동쪽과 서쪽에는 행각이 설치되었을 것으로 보이는 돌받침 흔적을 볼 수 있는데, 예전에 사정전 서쪽 행각에서 수정전으로 이어지는 복도를 짐작할 수 있고, 수정전의 서쪽 복도 흔적은 대전장방(내시들의 공간)으로 연결되어 있었습니다. 수정전은 일제강점기에는 박람회장으로 쓰이다가 1966년에는 국립민속박물관의 전신인 민속관으로 쓰였습니다.

수정전 동편의 돌받침 흔적

수정전의 월대

# 궐내각사

수정전에서 바라볼 때, 경복궁의 서문인 영추문 앞으로 넓은 잔디밭에 나무가 많이 심어져 있습니다. 궁궐의 수목은 늘 정성 들여 가꾸고 있어 무심히 보는 이들에게는 제법 여유로운 공간입니다. 봄이면 산수유와 벚꽃 등 화사한 꽃이 피어 매우 아름다운 정원을 보는 듯합니다. 그러나 이곳은 원래 궁내에 궐내각사가 있던 자리입니다.

궐내각사란 궐 안에 들어와 있는 작은 실무 관청을 말합니다. 광화문 앞 육조거리를 궐외각사라고 한다면, 왕을 측근에서 보필하던 여러 기구들이 궐 안에 들어와 있는 것입니다. 왕을 보좌하고 학문·정치·행정을 담당하며 왕의 자문기구 역할을 하던 홍문관(옥당), 왕명출납을 맡았던 승정원, 대신들의 회의 공간 빈청이 있었습니다. 그리고 군사시설

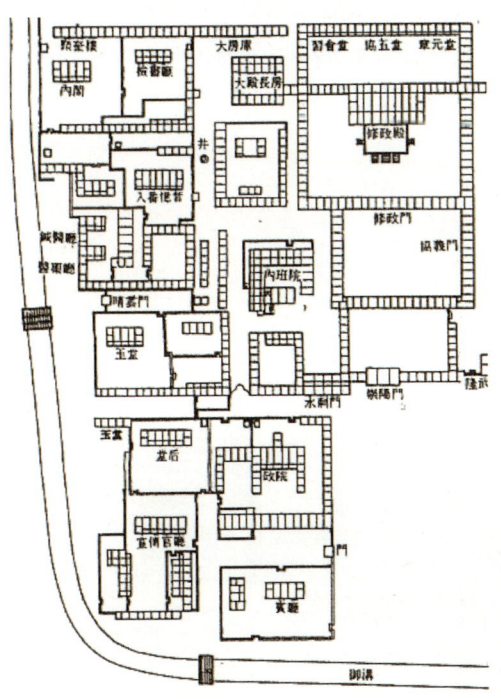

〈북궐도형〉에 그려진 궐내각사 영역

로는 왕의 경호요원 선전관청, 왕을 호위하고 궁궐 수비를 담당하던 도총부가 있었습니다. 왕의 시중을 들던 내시들의 공간인 대전장방과 내시를 통솔하던 ✿내반원, 궁궐의 음식을 만들고 음식 담는 그릇을 조달하는 사옹원, 천문 관측기구가 있던 관상감, 보루각, 간의대, 학문 서적을 관리하던 규장각, 그리고 왕실의 건강을 담당하던 내의원, 그 밖에도 상서원, ✿상의원, ✿전설사, ✿사복시 등 많은 관서들이 가득 차 있었습니다.

그러나 이곳 궐내각사 영역은 일제강점기에 가장 먼저 파괴되기 시작하여 현재는 수정전 이외의 건물은 남아 있지 않습니다. 그러나 경복궁 복원계획의 일환으로 이곳 궐내각사 영역도 조만간 그 본래 모습을 볼 수 있게 되겠지요.

수정전 쪽에서 바라본 영추문의 봄

영추문 밖에서 바라본 궐내각사 영역

- 🌸 **내반원** : 내시부를 통솔하고, 궁궐 출입 확인, 왕명 전달, 수라 음식 감독, 문 지키기, 청소, 궁 안의 잡무를 맡아보던 관아
- 🌸 **상의원** : 국왕과 왕비의 의복을 만들고, 내부의 금은보화 등을 맡아보던 관아
- 🌸 **전설사** : 장막 따위를 치는 일을 맡아보던 관아
- 🌸 **사복시** : 임금의 가마와 외양간과 목장을 관장하는 관아

6 경회루, 연회를 베풀다

{ 경복궁 화첩을 펼치며… }

경회루 누마루 기둥 너머로 들어선 여름

경회루

강녕전과 교태전 서편에 경회루(慶會樓)가 있습니다. 수정전 뒤편 북쪽으로 경회루 누각과 연못이 한눈에 들어옵니다. 경회루는 나라의 큰 연회를 베풀던 곳입니다. 원래 태조 연간에 지을 때는 이름 없는 작은 누각이었던 것을 태종 12년(1412)에 건물이 기울자 이를 수리하면서 위치를 서쪽으로 조금 옮기고, 더 크게 지었으며, 땅이 습한 주변을 연못

경회루의 봄

이견문 안쪽 다리에 설치되어 있는 어도

(남북 113m, 동서 128m)으로 만들어 경회루라 이름 지었습니다.

'경회(慶會)'란 '경사스러운 연회'라는 뜻으로, 임금과 신하가 덕으로써 만나는 것을 말합니다. 하륜이 풀이하기를, "내가 일찍이 듣건대 애공(哀公)의 물음에 공자가 답하기를 '정사는 사람에 달렸다'고 하였다. 올바른 정사를 펴는 임금은 올바른 사람을 얻는 것을 근본으로 삼았으니 올바른 사람을 얻어야 경회할 수 있다"고 했습니다. 태종은 경회루를 원래 외국 사신을 접대할 목적으로 지었고, 그밖에 공신들에게 연회를 베풀거나 가뭄이 들면 기우제를 지내는 등 다양한 용도로 사용했습니다.

경회루 동쪽에 복원한 담장에는 세 개의 문이 있는데, 이견문(利見門), 함홍문(含弘門), 자시문(資始門)입니다. 수정전 북쪽 밖에서 툭 트인 경회루의 전경을 다 보았으므로 더 이상 볼 게 없다고 생각하면 오산입니다. 무릇 집이란 그 주인 된 사람이 즐기던 자리에서 보아야 제대로 알고 즐길 수 있는 것입니다. 실제로 수정전 쪽에서 보던 연못을 앞에 둔 경회루의 느낌은 작은 골목 안으로 들어가기 위해 동편 담장 쪽으로 꺾어지기만 해도 벌써 그 분위기가 다르다는 것을 알게 됩니다. 경회루의 높은 담장이 주는 느낌은 사뭇 장중하고 위엄을 갖춘 격이 있습니다.

경회루에 이르는 다리는 모두 세 개인데, 그중 가장 남쪽의 것(이견문 안쪽)이 어교(御橋)입니다. 왜냐하면 이곳 다리 상판에만 어도(御道)가 설치되어 있기 때문입니다. 경회루로 가는 3개의 돌다리에는 벽사의 의미를 가진 동물상이 새겨진 엄지기둥을 놓았습니다.

북쪽의 자시문으로 들어가는 다리 기둥에는 불가사리를 조각해 놓았습니다. 아직도 1950년 한국전쟁 당시 총탄을 맞은 상흔이 그대로 남아 있습니다. 경회루가 전쟁 중에도 온전히 보존될 수 있었던 것은 이 불

총탄의 흔적을 간직한 불가사리 석상

가사리가 전쟁의 화기를 온몸으로 막아냈기 때문이라고 하는 말도 있습니다. 불가사리는 원래 불을 제압하는 신령한 동물이 아니겠습니까. 새삼 경회루 불가사리의 충절에 감사하는 마음을 가지게 됩니다. 경회루를 받치고 있는 기둥에도 총탄 흔적이 여기저기 있는 것을 시멘트로 발라 대충 감추고 있습니다.

경회루 섬에서 연못에 이르는 계단이 물결에 찰랑입니다. 경회루의 돌기둥은 모두 48개입니다. 건물을 받치고 있는 민흘림기둥은 바깥의 방주(方柱)와 안쪽의 원주(圓柱)로 구분됩니다. 성종 때(1474년) 대규모 수리를 할 때 바깥 방주에 꽃과 용을 새겼는데, 용이 거꾸로 물속에 그림자를 지어 푸른 물결과 붉은 연꽃 사이에 보이기도 하고 숨기도 하는 장관을 이루어서 유구국(琉球國)의 사신이 이를 보고 감탄했다고 합니다.

경회루 민흘림기둥

경회루 연못의 당주

  1997년 경회루의 연못을 준설할 때 동으로 만든 용이 출토되었습니다. 정학순의 《경회루전도》에는 동으로 만든 용 두 마리를 연못 북쪽에 넣었는데, 오행사상에 의하면 불을 억제하기 위한 것이라고 기록하고 있습니다. 흥선대원군은 경회루를 복원할 때에는 기둥에 용을 조각하지 않은 대신에 놋쇠로 만든 용 두 마리를 경회루 연못 속에 넣었습니다. 이는 오행의 금생수(金生水 : 쇠가 물을 살린다)에 해당합니다. 물과 불을 능히 다스리는 용을 넣은 것은 생성되는 물로써 불을 제압하려는 의미입니다.

  경회루 연못 서쪽에는 두 개의 작은 인공 섬을 만들고 소나무를 심었습니다. 물길이 섬 주위를 돌아 흐르게 만들어 물을 썩지 않게 하는 당주(當洲)입니다. 연산군 때는 연못 서쪽에 만세산을 쌓고 금은비단으로 화려하게 꾸미고는 ✿흥청(興淸) 수백 명에게 풍악을 연주하게 하고 황룡주(黃龍舟)를 타고 만세산을 오가는 사치를 부렸다는 기록도 있습니다. 좁은 계단을 통해 2층의 경회루 누각에 오르면 낙양각 사이로 바라보이는 지붕선의 아름다움이 눈길을 멈추게 합니다. 서편으로 보이는 인왕산의 부드러우면서도 늠름한 바위산의 자태는 겸재 정선(謙齋 鄭敾, 1676~1759)의 인왕제색도(仁王霽色圖)를 옮겨다 놓은 듯하고, 북쪽의 당당한 백악 또한 그 푸른 자태가 빼어납니다. 남쪽으

경회루 이층으로 오르는 계단 장식

✿ **흥청망청의 유래** : '흥청망청'의 '흥청'은 연산군에 궐내에 출입시킨 일급 기녀들을 말하며, 망청은 별 뜻 없이 후렴처럼 붙은 말이다. 연산군은 전국의 기생 가운데서 미모가 출중한 일등급 기생만을 엄선하여 대궐 내에 출입시켰는데, 처음에는 백여 명 정도였다가 나중에는 천여 명을 헤아릴 정도로 늘어났다. 이처럼 숫자가 많다 보니 흥청이라 하더라도 임금을 곁에서 모실 수 있는 자는 극히 일부였다. 그래서 임금을 가까이서 모실 수 있는 기생에겐 특별히 지과흥청(地科興淸)이란 명칭을 붙여 주었고, 임금의 각별한 사랑을 받아 잠자리까지도 같이할 정도로 인정받은 기생에게는 천과흥청(天科興淸)이란 최고의 명칭이 주어졌다. 밤낮없이 흥청들과 놀아난 연산군은 결국 중종반정으로 왕좌에서 쫓겨나고 말았다. 그렇게 흥청들과 놀아나다 망했다 해서 백성들 간에 '흥청망청'이란 말이 생겨났다.

2층 누각에서 본 서쪽 풍경은 겸재 정선의 인왕제색도를 연상시킨다.

로 세종로의 높은 건물이 없던 그 시절의 목멱산(남산)은 또 어떤 모습으로 낙양각에 들어왔을까요. 이곳 2층 경회루에 앉으면 절로 한가락 퉁소소리에 빠져들 듯합니다. 어칸에 앉아 수제천(壽齊天)을 들을 수 있다면 더욱 좋겠지요. 오랜 나무집과 우리 가락이 함께 어울려 소소한 바람을 불러오고 내 마음도 바람에 실려 구름 위를 맴돕니다. 일면 연산군의 시적(詩的) 감흥을 이해할 만도 합니다.

경회루 2층 누각은 매년 4월에서 10월 사이에 개방하고 있으니 시간이 된다면 그 감흥을 즐겨보세요.

{ 경복궁 화첩을 펼치며… }

경회루 동편 담장 수구에 드리워진 녹음

 ## 주역으로 해석하는 경회루

경회루가 경복궁 서쪽에 지어진 목적은 불을 물로써 제압하려는 데 있었습니다. 경회루는 2층 누각이고 모두 35칸의 큰 집입니다. 경회루가 가지는 이 수치의 의미는 음양오행 사상에 의한 하나의 우주를 상징하고 있습니다. 우리 조상들은 집을 지을 때 건물을 자연의 원리에 적용하려 했고, 인간도 그 자연과 하나가 되려고 했습니다. 즉, 자연과 하나 되는 집을 짓고 내가 그 안에서 하나 되어 어울리는 동양인의 자연

경회루의 2층 누각은 모두 35칸으로 구성되어 있다.

관이며 우주관입니다.

경회루의 건축적 요소는 모든 것이 주역의 원리에 입각하여 구성되었습니다. 경회루는 2층 구조에 정면 7칸 측면 5칸으로 되어 있고, 내진주로 둘러진 가운데 누마루는 3칸입니다. 내부 3칸은 정당으로 천지인(天地人 : 모든 만물을 낳은 하늘, 그 것을 키우는 땅, 그리고 이것을 완성시키는 사람) 삼재(三才)를 의미하고, 그것을 둘러싼 8개의 기둥은 주역의 8괘를 상징합니다. 8괘는 자연의 대표적인 현상인 ☰(하늘) ☱(못) ☲(불) ☳(우뢰) ☴(바람) ☵(물) ☶(산) ☷(땅)을 말합니다. 다음으로 조금 낮은 마루 12칸은 헌(軒)이며 1년 12달을 상징하고, 이를 둘러싼 기둥 16개 사이의 문(4짝씩 모두 64짝)은 64괘를 의미합니다. 바깥 마루의 20칸은 낭무(廊廡 : 정전 아래에 동서로 붙여 지은 건물)로서 24개 기둥은 24절기를 상징합니다. 유교 이념을 치국의 기본 이념으로 삼은 조선왕조의 사상체계가 구조화되어 건축에 표현된 것입니다.

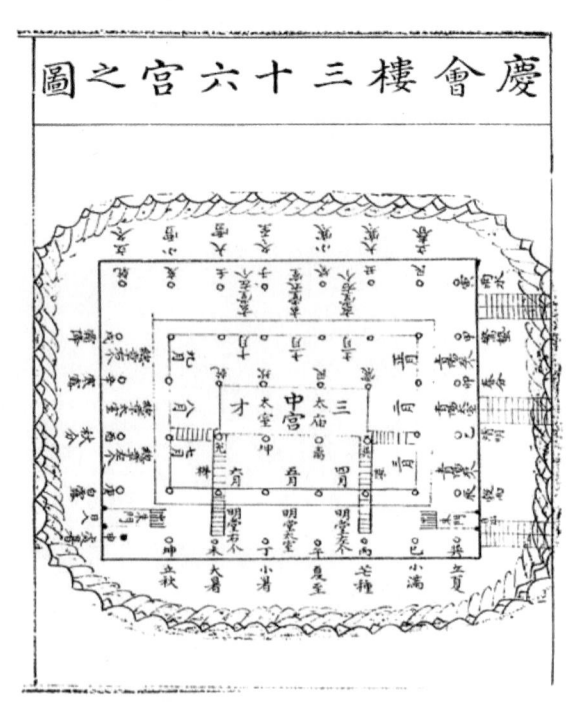

경회루 36궁지도(慶會樓三十六宮之圖)
35칸의 건축 구조에 경회루 자체를 1궁의 개념으로 더해 36궁으로 해석했다.

2층의 경회루 누각에 오르면 동쪽의 낙양각 사이로 바라보이는
지붕선의 아름다움이 눈길을 멈추게 합니다.

 # 구종직 이야기

경회루는 왕실 전용 연회 공간으로 아무나 들어갈 수 없던 곳입니다. 원래 경회루의 연못 주변으로 둘러져 있던 담장도 매우 높아서 밖에서는 그 안을 들여다볼 수가 없었습니다. 이제 경회루 선경(仙境)을 훔치고 출세한 구종직(丘從直, 1404~1477)을 만나보실까요.

구종직은 세종 때 집현전 교서관 정자 벼슬을 하던 사람입니다. 경회루의 경관이 아름답다는 말을 들어오다가 입직을 하게 된 어느 날 몰래 경회루에 숨어들어가 이리저리 경관을 즐기며 걷던 중, 마침 별안간 그곳에 거둥한 세종과 마주치게 되었습니다. 임금은 먼저 그에게 왜 이곳에 들어왔는지 물었습니다. 구종직은 대답하기를 "소신이 전부터 경회루의 옥으로 만든 기둥과 요지와 같은 연못이 있어서 신선 세계와 같다는 말씀을 듣자옵고 오늘 마침 교서관(校書館)에 입직했다가 경회루가 멀지 않으므로 초야에 있던 몸으로 법을 범한 줄 모르고 구경하려 했던 것이옵니다" 했지요. (《한경지략》에 차천로가 지은 '오산설림'을 인용하여 구종직이 경회루에 잠입한 일화가 성종 때라고 쓰고 있으나 이는 잘못이다.) 임금은 그 벌로 노래를 해보라고 했습니다. 구종직이 노래를 잘했는지 임금은 노래를 한 곡 더 부르게 하고 이어서 〈춘추〉를 외워보라 했습니다. 구종직은 〈춘추〉를 막힘없이 줄줄 외웠고 평소에 공부를 게을리 하지 않은 신하를 기특하게 여긴 세종은 다음날 그의 벼슬을 정9품 교서관 정자에서

복원된 동쪽 담장

종5품 교서관 부교리로 삼았다는 이야기입니다.

법을 어기고도 벌은커녕 하루아침에 파격적인 승진을 했으니 당시의 대간들이 가만히 있을 리가 없었지요. 그도 그럴 것이 당시 관리가 한 품계를 승진하려면 일정기간(450일 이상)을 탈 없이 지나야 할 뿐 아니라 근무 성적이 뛰어나야 했습니다. 구종직의 경우 참하관에서 참상관으로 승진한 경우인데, 오늘날의 고등고시에 해당하는 대과 급제도 없이 4등급을 올려 제수 받은 파격적인 승진이었던 것입니다. 왕은 부당함을 간하는 관료들 앞에 구종직을 불러 다시 〈춘추〉를 외워 보이게 함으로써 간언을 물리쳤다고 합니다. 학문을 좋아하셨던 왕이니 공부 열심히 하는 신하를 아끼고 그 본을 세우려 한 것 같습니다. 그리고 무엇보다도 풍류를 아는 세종과 구종직의 교감이 우리의 마음까지도 따뜻하게 해주는 이야기입니다.

일제강점기에 경회루의 동·서·남·북의 담장이 철거되었던 것을 2005년에 북쪽과 동쪽 담장만 복원했습니다. 만약 원래의 모습대로 담장을 복원하여 경회루를 바깥에서 볼 수 없게 된다면 요즘 사람들도 구종직처럼 경회루 안쪽이 더욱 궁금하고 들어가 보고 싶어질까요? 그렇다기보다는 너무도 오랫동안 경회루의 개방성에 익숙해진 사람들은 당장 뭔가 갑갑하다고 생각할 것입니다. 복원의 딜레마입니다.

{ 경복궁 화첩을 펼치며… }

경회루 옆 만시문 골목의 여름

경회루의 높은 담장은 사뭇 장중하고 위엄을 갖춘 격이 있습니다.

하향정

경회루 연못 북쪽 물가에 작은 정자가 하나 보입니다. 하향정(荷香亭)은 1950년대에 건립되었습니다. 하향(荷香)은 연꽃 향을 뜻합니다. 연지 북쪽에 2개의 장초석을 물에 담그고 있는 정자로 아주 조촐한 아름다움을 지니고 있습니다. 이승만 대통령 당시 지어진 정자입니다. 당시 하향정을 지은 배희한 목수가 정자 하나 짓는 일을 어찌나 꼼꼼히 공을 들였는지 그 완공 기일이 자꾸 늦어지자 운치도 멋도 모르는 사람들이 마구 독촉하고 화를 냈다고 합니다. 하향정은 짓는 사람이 애써 공들인 만큼 예쁜 정자입니다. 역사학자들 중에는 혹 본래의 경회루의 풍광에 없던 정자이니 못마땅하게 생각할 수도 있겠으나 그 앉음새가 너무도 얌전하여 애잔한 아름다움을 지닌, 문화유산 아닌 문화재가 되었습니다. 경회루의 600년 세월을 어찌 감당할까마는 그래도 60여 년을 님세 그곳에 있는 정자가 아닌가 생각합니다.

백악을 배경으로 한 하향정

{ 경복궁 화첩을 펼치며… }

경회루 옆에 살포시 앉은 하향정의 여름

담장 너머로 경회루의 선경을 훔쳐보고 싶어집니다.

{ 경복궁 화첩을 펼치며… }

경회루 서편 소나무 숲

7 강녕전, 왕의 시어소

강녕전 내부에서 바라본 향오문과 사정전 지붕선입니다.

 # 왕의 공간, 강녕전

사정전을 뒤로 돌아 향오문(嚮五門)으로 들어서면 왕의 개인 생활공간이 나옵니다. 강녕전(康寧殿)에서부터 내전 영역이 시작됩니다. 강녕전의 문 이름, 향오(嚮五)는 '오복(五福)을 향함'이라는 뜻입니다. 홍범구주(洪範九疇)의 오복 가운데 세 번째가 강녕(康寧)으로 '강녕은 편안하고 건강함'을 의미합니다. 수(壽), 부(富), 강녕(康寧), 유호덕(攸好德), 고종명(考終命)의 하나로 강녕은 다섯의 중심이며 그 전체를 대표합니다. 왕이 마음을 바

향오문에서 바라본 강녕전

르게 하고 덕을 닦음으로써 오복을 모두 누릴 수 있다고 했습니다. 강녕전의 전각 이름에서도 당시의 사람들이 왕에게 요구했던 도덕적 개념을 읽을 수 있습니다.

정도전은 경복궁의 강녕전을 이름 지으며 다음과 같이 말했습니다.

● 태조 4년(1395) 10월 7일 2번째 기사
강녕전에 대하여 말씀드리면, 《서경》 홍범구주(洪範九疇)의 오복(五福) 중에 세째가 강녕입니다. 대체로 임금이 마음을 바루고 덕을 닦아서 황극(皇極)을 세우게 되면, 능히 오복을 향유할 수 있으니, 강녕이란 것은 오복 중의 하나이며 그 중간을 들어서 그 남은 것을 다 차지하려는 것입니다. 그러나 이른바 마음을 바루고 덕을 닦는다는 것은 여러 사람들이 함께 보는 곳에 있는 것이며, 역시 애써야 되는 것입니다. 한가하고 편안하게 혼자 거처할 때에는 너무 안일한 데에 지나쳐, 경계하는 마음이 번번이 게으른 데에 이를 것입니다. 마음이 바르지 못한 바가 있고 덕이 닦이지 못한 바가 있으면, 황극이 세워지지 않고 오복이 이지러질 것입니다.
옛날 위나라 무공(武公)이 스스로 경계한 시(詩)에, '내가 군자와 벗하는 것을 보니 너의 얼굴을 상냥하고 부드럽게 하고, 잘못이 있을까 삼가하는구나. 너의 방에 있는 것을 보니, 다른 사람이 보지 않는 곳에서도 부끄러움이 없도록 하는구나' 했습니다. 무공의 경계하고 근신함이 이러하므로 90을 넘어 향수했으니, 그 황극을 세우고 오복을 누린 것의 밝은 징험이옵니다. 대체로 공부를 쌓는 것은 원래가 한가하고 아무도 없는 혼자 있는 데에서 시작되는 것입니다. 원컨대 전하께서는 무공의 시를 본받아 안일한 것을 경계하며 공경하고 두려워하는 마음을 두어서 황극의 복을 누리시면, 성자신손(聖子神孫)이 계승되어 천만대를 전하리이다. 그래서 연침(燕寢)을 강녕전이라 했습니다.

강녕전은 왕의 사적인 생활공간입니다. 왕의 시어소(時御所)이며 연거지소(燕居之所)로 왕이 일상생활을 하며 침전으로 사용하는 곳이지요. 왕은 이곳에서 일상적인 생활뿐 아니라 업무 공간으로 확장하여 쓰기도 했습니다. 왕은 자신의 침소에서 가까운 대신을 만나 일상 업무를 보기도 하고, 왕실 가족을 위한 연회를 베풀기도 했습니다.

{ 경복궁 화첩을 펼치며… }

마루를 가운데 두고 양쪽의 방을 각각 아홉 칸으로 구성한 강녕전의 내부

무량각 지붕

강녕전 영역으로 들어서면 서편으로 경회루 지붕이 보이고, 여러 건물의 지붕과 추녀가 서로 마주보는 구성이 하늘을 배경으로 펼쳐집니다. 추녀선이 만들어내는 선의 조화가 매우 아름다운 공간입니다.

강녕전 지붕에는 용마루가 없습니다. 무량각(無樑閣) 지붕은 내부에는 종도리를 두 개 나란히 설치하고, 지붕 꼭대기에는 곡와(曲瓦)로 마감합니다. 침전이 이와 같이 용마루를 설치하지 않는 것에 관하여 여러 가지 의견이 있으나, 그 의미를 정확히 알 수 있는 근거는 발견되지 않고 있습니다.

우선 위급한 상황일 때 다른 건물과 멀리서도 쉽게 구분할 수 있도록 하는 기능적 의미를 생각할 수 있습니다. 또 하나, 침전은 용으로 비유되는

강녕전 마당에서 바라본 서쪽 지붕선

사정전 뒤편에서 바라본 무량각 지붕의 강녕전

강녕전의 월대

무소불위(無所不爲)의 왕이 머무는 공간인데, 왕이 강녕전에 머무를 때 지붕 꼭대기의 용이 용을 누르는 것을 피하기 위해 용마루를 설치하지 않는다는 이야기는 그야말로 속설일 뿐입니다. 어디까지나 전하는 이야기일 뿐이라고 강조를 하는 것은, 우리와 사상적 개념이 유사한 동양 문화권인 중국에는 오히려 왕의 권위와는 전혀 상관없이 용마루 없는 무량각 지붕으로 지어진 일반 집들이 아주 흔합니다. 차라리 음양오행의 상징적 개념으로 볼 때 자연의 기(氣)를 차단하는 용마루라는 무거운 인공 시설물을 설치하지 않고 곡와를 써서 무량각 지붕으로 처리했다고 해석하는 것이 더 이치에 맞을 수도 있습니다. 아무튼 우리 궁궐의 건축은 중국의 고대 궁궐 법식을 규범으로 삼은 듯하면서도 한국적 특성을 살린 건축으로 보아야겠습니다. 왕비의 침전 지붕도 역시 같은 무량각 지붕입니다.

강녕전은 정면 대청마루 앞쪽에 월대를 두고 정면과 양 측면에 계단을 두었습니다. 강녕전에는 월

강녕전 아궁이

대(月臺)가 드높지요. 월대는 그 전각에 딸린 외부 공간의 확장으로 웬만한 행사를 할 수 있는 공간입니다. 이곳 월대에서는 진연(進宴)이나 왕실 가족을 위한 진찬(進饌)이 열리기도 했으며, 이때에는 장막으로 월대를 가려서 밖에서는 보이지 않게 했습니다. 왕이 종친들을 위한 작은 연회를 베풀기도 했을 테고, 혹 누군가는 왕의 노여움을 풀기 위해 월대 위에서 석고대죄(席藁待罪)를 했을 수도 있겠습니다.

1917년 창덕궁 내전의 화재로 왕의 침전인 희정당(熙政堂)과 왕비의 침전인 대조전(大造殿)이 불타자 경복궁의 강녕전과 교태전 건물을 뜯어다 옮겨지었습니다. 현재 경복궁의 강녕전과 교태전은 1995년에 《궁궐지》, 〈북궐도형〉, 《조선고적도보》, 현장 발굴 자료조사를 바탕으로 복원된 것입니다.

[경복궁 화첩을 펼치며…]

강녕전 남행각과 눈 덮인 사정전, 그리고 근정전의 지붕

 # 잡상

강녕전 월대에서 연생전이나 경성전 지붕 추녀마루를 보면 작은 형상물들이 줄지어 있는 것을 볼 수 있습니다. 아마 처음 경복궁에 들어왔을 때부터 문이나 건물의 지붕마다 있는 이 형상물들을 보셨을 겁니다. 바로 '잡상'이라 불리는 것들인데, 여기 강녕전 높은 월대에서 이들을 가장 가까이 잘 볼 수 있습니다. 물론 강녕

강녕전의 잡상과 그물망 부시

전 지붕에도 잡상이 설치되어 있습니다. 잡상들은 하늘을 응시하며 왕의 궁궐을 지키고 있습니다. 궁궐 건축에만 나타나는 잡상은 지붕 추녀마루를 장식하는 토우의 일종으로 하늘로부터 오는 악귀의 침입을 막기 위해 두었다고 합니다. 우리나라 궁궐의 잡상 종류는 모두 열 가지입니다.

이들 잡상은 《서유기》에 나오는 인물들과 토신(土神) 상으로 제일 앞에 있는 인물은 당나라의 고승 현장(삼장법사: 602~664년)입니다. 그리고 손오공, 저팔계, 사오정의 순으로 이어집니다. 이들이 궁궐의 지붕에

오지창

유럽 건축물에서도 새들의 침입을 막기 위해 뾰족한 침을 꽂아놓았다.

있는 이유는 인도 천축국(天竺國)으로 가서 불경을 구해 당나라로 오기까지의 여정에서 세상의 모든 악귀를 물리친 가장 힘센 무리이기 때문입니다. 그리고 보니 삼장법사도 그렇고, 손오공도 그 자세가 아주 당당해 보입니다. 중국의 잡상 명칭이 선인 용·봉황·사자·해마 등 도교적 성격과 길상동물로 구성된 데 비해 조선 궁궐의 잡상은 벽사의 의미가 강합니다. 《어우야담於于野談》에는 이들을 대당사·손행자·저팔계·사화상·마화상·삼살보살·이구룡·천산갑·이귀박·나토두 등으로 불렀습니다.

중국은 전각의 중요성에 따라 잡상의 수를 배치했는데, 우리나라에서는 전각의 등급에 비례한 잡상의 수에 크게 신경 쓰지 않은 듯합니다. 35칸의 경회루는 경복궁에서 가장 큰 건물로 지붕의 잡상은 11개입니다. 이처럼 우리나라 궁궐의 잡상의 숫자는 건물의 규모에 따라 대개 홀수로 얹었습니다. 그리고 새들이 지붕 처마 밑의 포작에 깃을 틀어 단청을 더럽히는 것을 막기 위해 그물망을 씌웠는데, 이를 부시(罘罳)라고 합니다. 그리고 부시를 씌우기 어려운 곳에는 오지창을 꽂았습니다.

 # 연생전과 경성전

 강녕전 일곽에는 모두 다섯 채의 전각이 있는데, 그중 동소침을 연생전(延生殿), 서소침을 경성전(慶成殿)이라 부릅니다. 이번에도 연생전과 경성전을 음양의 대치되는 개념으로 해석합니다. '연생(延生)'은 '생명의 기운을 맞이한다'는 뜻이고, '경성(慶成)'은 '완성함을 기뻐한다'는 뜻입니다. 연생은 동쪽 즉 봄의 기운이고, 경성은 서쪽 즉 가을의 결실입니다. 연생전 뒤쪽에 연길당(延吉堂)이 있고, 경성전 뒤쪽에 응지당(膺祉堂)

강녕전의 동소침 연생전

강녕전의 서소침 경성전

이 있습니다. 두 이름 모두 복을 받아들인다는 의미입니다.

정도전은 연생전과 경성전 이름을 지으면서 다음과 같이 그 의미를 해석했습니다.

● 태조 4년(1395) 10월 7일 2번째 기사
연생전과 경성전에 대하여 말씀드리면, 하늘과 땅은 만물을 봄에 낳게 하여 가을에 결실하게 합니다. 성인이 만백성에게 인(仁)으로써 살리고 의(義)로써 만드시니, 성인은 하늘을 대신해서 만물을 다스리므로 그 정령(政令)을 시행하는 것이 한결같이 천지의 운행을 근본하므로, 동쪽의 소침(小寢)을 연생전이라 하고 서쪽의 소침을 경성전이라 하여, 전하께서 천지의 생성(生成)하는 것을 본받아서 그 정령을 밝히게 한 것입니다.

강녕전 서쪽의 경성전을 돌아가면 어정(御井)이 있습니다. 무거운 삿

어정

갓 돌 뚜껑을 씌운 것으로 보아 평소에 식용수로 쓰였을지는 의문입니다. 특별한 행사 때에만 쓰지 않았을까 짐작됩니다. 절에 있는 우물이나 연못이 용이 사는 용궁의 개념으로 해석되듯이 왕을 의미하는 상징적인 용의 존재를 강녕전의 어정에 두었을 것으로 생각합니다. 즉 왕과 용의 일체사상을 우물의 형태로 시현했다고 해석할 수 있습니다.

어정의 원형으로 된 몸통은 태극을 의미하며, 우물 가장자리의 팔각 테두리는 우주의 팔괘를 형상화했습니다. 그리고 팔각 테두리 돌에는 기둥을 꽂았던 구멍 흔적이 있어서 우물을 가리던 팔각 정자를 세웠던 것으로 보입니다.

{ 경복궁 화첩을 펼치며… }

어느 봄날 연생전 지붕 위로 날아든 까치

# 천문 개념으로 전각을 배치하다

　동양 천문은 제왕학을 별자리로 풀이해서 북극성을 제왕의 자리로 보고 있습니다. 왕이 즉위를 하는 것은 북극성의 자리에 오르는 것을 의미합니다. 조선왕조의 법궁인 경복궁도 자미원(紫微垣)의 별자리(星座) 격국(格局)에 따라 건물이 배치되었습니다. 예를 들면 법전인 근정전이 북극성(北極星), 편전 영역의 사정전, 만춘전, 천추전은 삼태성(三台星), 강녕전의 다섯 채 침전(강녕전, 연생전, 경성전, 연길당, 응지당)은 5제좌(五帝座)입니다. 자미원은 북극 하늘의 중앙에 위치하는데, 고대인들은 자미원을 지상세계의 궁궐과 같다고 생각했습니다. 그리고 태미원(太微垣)은 자미원의 아래쪽, 동북쪽 방향에 위치합니다. 태미원은 정원을 감싸는 담을 상징한 것으로 그 중심에는 오제좌가 위치합니다. 삼태성은 천하의 태평성대를 주관합니다. 그래서 많은 사람들이 이 별을 숭배했고, 여러 문헌에 자주 나타나는 별자리입니다. 옛 사람들은 삼태성이 밝아지면 천하가 태평성대를 누린다고 하여 매우 중요하게 관찰했습니다.

경회루 이견문으로 연결되는 강녕전 서쪽 골목

 흠경각

강녕전의 어정이 있는 마당에서 왼편으로 작은 협문이 하나 보입니다. 그 문 안 강녕전의 서쪽에 흠경각(欽敬閣)이 있습니다. '흠경(欽敬)'은 글자대로 풀이하면 '흠모하여 공경한다'는 뜻입니다. 그러나 여기서는 '하늘을 공경하여 공손히 사람에게 필요한 시간을 알려준다'는 의미로 해석해야 합니다. 전통 농경사회였던 조선에서 하늘을 숭배하는 사상을 가지고 천체의 운행과 시간을 정확하게 측정하는 것은 왕권과도 밀

흠경각에서 양의문으로 나가는 문이 보인다.

접한 관련이 있었습니다.

흠경각은 원래 세종 때에는 천추전의 서쪽에 옥루(玉漏)와 천문을 관측하는 선기옥형(璇璣玉衡)을 설치했던 건물입니다. 왕의 가까이에 자연의 운행을 알려주는 시계를 둠으로써 왕이 때를 맞추어 천문을 관찰하고 역법을 이용하여 절서(節序)를 밝혀 제왕의 정사를 펼칠 수 있도록 했습니다. 이는 왕이 우주를 관장하고 그 질서에 순응하여 나라를 다스리는 이치를 말하고 있습니다. 이밖에도 흠경각에는 앙부일구·간의대 등과 같은 관측기구들도 설치되었습니다.

❖ 〈세종실록〉의 옥루기륜

세종 20년(1438) 1월 7일 3번째 기사를 중심으로 보면, 세종 16년(1434) 장영실에 의해서 자동 시 보장치를 갖춘 시계인 자격루(自擊漏)가 처음 만들어졌고, 이후 장영실은 세종을 위해 자동으로 움직이는 천상 물시계 옥루(玉漏)를 만들어 바쳤다. 임금을 위한 궁정 물시계인 옥루는 세종 20년(1438) 1월에 완성되어 경복궁 천추전 서쪽에 흠경각을 지어 설치했다.

옥루기륜(玉漏機輪 : 선기옥형璇璣玉衡)은 그 당시에 쓰이던 모든 천문의기를 하나로 종합한 것 같은 장치이다. 중국의 천문시계에서 보이는 물레 바퀴를 기륜으로 한 동력에 중세 아라비아 물시계에 널리 쓰였던 인형이 시간을 알리는 장치를 도입하여 조선화하였고, 거기에다 금으로 만든 태양의 모형을 덧붙여 천상시계로 꾸민 것이다.

당시 중국 물시계의 여러 장치들은 사람의 손을 조금씩 필요로 하였으나, 옥루는 인력의 도움 없이도 스스로 작동했으므로 장영실의 독창적 고안과 계량이 이 궁정 시계에 잘 조화되었다고 할 수 있다. 《세종실록》에는 이 의기를 보고 공경함을 하늘같이 하여 백성들에게 절후를 알려준다는 뜻에서 집의 이름을 '흠경각'이라 했다고 적고 있다.

{경복궁 화첩을 펼치며…}

강녕전 뒤편 양의문 골목

 # 양의문 골목

　강녕전 북측 담장이자 교태전 남행각에 붙어 있는 굴뚝은 꽃담으로 치장을 했습니다. 자칫 이곳 담장에 굴뚝이 설치되어 있으리라고는 생각 못하고 그냥 지나치는 사람들이 더 많습니다. 강녕전의 굴뚝처럼 집채에서 떨어진 담장에 굴뚝을 설치하는 방식은 이제 궁궐 여러 곳에서 볼 수가 있습니다. 양의문을 가운데 두고 오른편 굴뚝의 길상문은 천세만세(千世萬歲)로 읽을 수 있고, 왼편의 굴뚝 문양은 만수무강(萬壽無

강녕전 북쪽 영역의 양의문 골목

양의문 서쪽 굴뚝 '만수무강' 양의문 동쪽 굴뚝 '천세만세'

疆)입니다. 모두 왕실의 번영과 건강을 기원하는 길상문입니다.

아궁이에 불을 때서 난방을 하는 온돌 구조에는 반드시 연기가 빠져 나가는 굴뚝이 있게 마련이지요. 그러나 경복궁 전각의 굴뚝은 대부분 건물과 연결되는 행각의 담에 붙여서 설치하는 방식입니다. 연도(煙道) 를 땅 밑으로 숨겨서 연도의 길이를 연장하여 연기가 더 잘 빠져나가게 하는 구조입니다. 그을음으로 자칫 칙칙해 보일 수 있는 구조물을 독립 적으로 산뜻하게 처리하고 있습니다. 또한 그 표면의 길상문을 꽃담으 로 치장하는 미적 감각은 매우 뛰어나다고 할 수 있습니다. 미처 길상 문의 뜻을 모르더라도 현대적 감각의 추상회화를 보는 듯한 선구성이 아름답습니다.

강녕전, 왕의 시어소 181

8 교태전, 왕비의 시어소

교태전 월대에서 양의문과 강녕전을 바라봅니다.
홍례문 안쪽에서 출발한 왕의 어도는 왕비의 전각 앞에서 마침내 멈춰섭니다.

 ## 양의문을 지나 교태전으로

강녕전 뒤로 어도(御道)가 이어지며 교태전(交泰殿)으로 들어가는 양의문(兩儀門)이 보입니다. 음양의 이치로 생명을 잉태할 왕비의 공간이 시작됨을 의미하는 문입니다. 양의문으로 들어서면 왕실의 각종 공식 업무를 주관하는 왕비의 시어소이자 침전 영역인 교태전입니다. 왕비는 여성 품계를 다스리는 나라의 수장이며 만백성의 어머니입니다. 왕비는 후궁 중 빈(嬪)에 해당하는 정1품부터 상궁이나 나인 등 궁내의 모든 여성 품계인 내명부(內命婦)와 종친이나 관리들의 부인이 받는 외명부(外命婦)의 품계까지 관장했습니다.

흥례문 안쪽에서 출발한 왕의 어도는 왕비의 전각 앞에서 멈췄습니다. 이쯤에서 우리는 광화문에서 출발한 경복궁 둘러보기가 꽤 깊이 들어왔다는 것을 떠올리게 됩니다. 교태전은 말 그대로 구중궁궐(九重宮闕)이라는 말이 실감날 만큼 궁궐 깊숙이 자리 잡았습니다.

강녕전 북쪽 어도

교태전의 작은 문은 아이들에게 이상한 나라의 앨리스를 꿈꾸게 합니다.

{ 경복궁 화첩을 펼치며… }

교태전의 작은 쪽문

 교태전

 교태전은 바라만 보아도 문창살에서부터 복도 치장에 이르기까지 참 아름다운 전각이라는 것을 알 수 있습니다. 왕비를 위해 공들여 치장한 흔적이 곳곳에 보입니다. 그런데 왕비의 침전 이름이 교태전이라니, 아무리 후궁들을 의식한다고 해도 왕비께서 교태를 부린다는 것은 좀 지나친 착각이겠지요. 여기서는 그런 뜻이 아니고 훨씬 깊은 사상적 의미를 포함하는 이름입니다.
 '교태(交泰)'란 '천지·음양이 잘 어우러져 태평성대를 이룬다'는 뜻입

니다. 교태전의 이름은 주역의 64괘 중 11번째인 지천태(地天泰), 즉 양과 음의 화합이 가장 잘 이루어지는 태괘(泰卦)에서 유래했습니다. ☰(건乾)은 양효(陽爻)이고, ☷(곤坤)은 음효(陰爻)로써 이 두 괘가 합해져서 태괘(地天泰, ䷊)를 형성합니다. 태괘의 형상은 음인 곤(坤)괘가 위에 있고, 양인 건(乾)괘가 아래에 있습니다. 땅·여자·어두움의 상징이자 정적인 성질을 가진 음과, 하늘·남자·밝음의 상징이자 동적인 성질을 가진 양이 가장 잘 교합할 수 있는 형상을 하고 있습니다. 음은 아래로 내려가는 성질이 있고 양은 위로 올라가는 성질이 있으므로 서로 자석처럼 끌어당기고 하나가 되니, 하늘과 땅이 맞부딪혀 그 환희가 천둥번개가 되고 비가 내려 생명이 움트는 괘로 해석됩니다.

교태전 복도

교태전 문창살

교태전 바깥 꽃담에서 바라본 동쪽 지붕

길일을 받아 왕께서 왕비의 처소로 오고 왕과 왕비는 동온돌방에서 합궁을 했습니다. 왕조의 기틀을 마련할 총명하고 건강한 왕자의 탄생을 기원하는 당시 사람들의 생각을 교태전 전각 이름에서 읽을 수 있습니다. 그리고 교태전의 지붕을 강녕전과 같이 무량각으로 처리했는데, 조선시대의 모든 궁궐 건축에서 왕과 왕비의 침전은 무량각 지붕으로 되어 있습니다.

1917년 창덕궁에 큰 화재가 일어나 내전이 불타버리자 이를 복구하기 위해 경복궁 교태전을 헐어서 재목으로 사용했습니다. 현재의 교태전 건물은 1995년에 복원한 것입니다.

함원전

교태전 뒤편의 화계 아미산으로 가기 위해 서쪽 행각의 재성문(財成門)을 나서면 함원전(含元殿)이 보입니다. 원래 이곳은 조선 건국 초기 불교와 깊이 관련된 전각입니다. 1452년 문종이 강녕전에서 승하하자 왕세자 단종이 함원전에서 거처했습니다.

유교를 건국 이념으로 내세운 조선왕조였지만, 왕실에서는 개인적으로 불교를 숭상했습니다. 함원전은 경복궁 내 깊숙이 자리 잡고 있어서 왕실 내의 불사를 행하던 내불당(內佛堂)으로 쓰이던 곳이었습니다. 세조 연간에는 여러 차례 함원전에서 불상의 점안식(點眼式)을 가졌다는 기록과 함께 법회를 열고 불사리를 함원전에 봉안했다는 실록 기사를 확인할 수 있습니다. 세조는 왕위를 쟁취하기 위해 조카와 형제들마저도 처단을 해야 했던 자신의 씻을 수 없는 인간적인 회한을 함원전에서의 불사를 통해 위로받으려 했는지도 모릅니다.

함원전

# 왕비의 우물

교태전의 뒤편 아미산이 시작되는 함원전의 서쪽에 퇴선간(간이 부엌)이 한 칸 있고, 그 옆에는 아주 아름다운 왕비의 우물 하나가 있습니다. 그 옆의 화계에 앵두꽃이 피는 봄이면 이곳에서 물 긷던 궁인들의 소담한 웃음소리를 들을 수 있을 것 같은 곳입니다. 앵두꽃이 눈부시게 피었을 때도 물론이려니와 바람에 흰 꽃잎이 나부끼는 모습은 눈꽃 날리는 풍경처럼 아름답습니다.

경복궁뿐 아니라 조선시대 궁궐의 화계에는 유난히 앵두나무가 많습니다. 《용재총화》(조선 초기 학자 성현의 수필집)에 전하는 이야기로는 소갈병(당뇨)을 앓던 세종은 그 합병증으로 이도 몹시 나빠져서 음식을 못 들고 고생을 했는데, 그중 달고 말랑한 앵두만큼은 잘 드셨기에 왕세자(문종)는 손수 앵두나무를 궁 울타리에 많이 심었다고 합니다. 세종은 앵두나무에 대해 말하기를, "꽃이 곱고 열매가 보석처럼 어여쁘니 눈이 즐겁고 그 열매가 달고 맛이 있으니 입이 즐겁다"고 칭찬을 했다고 합니다. 예쁜 앵두를 보면서 아버지를 극진히 공경했던 문종의 효심을 생각하니 더욱 더 정답게 느껴집니다.

봄이면 우물가에서 물 긷던 궁인들의 소담한 웃음소리가 들리는 듯합니다.

{경복궁 화첩을 펼치며…}

우물가에는 어느새 앵두꽃잎 흩어져 날리고…

함원전 뒤편이 하계

거북이 등에 지고 있는 물확의 용틀임이 예사롭지 않다.

 # 아미산의 항아

　함원전 뒤편 함형문(咸亨門)을 지나 교태전의 뒤편 후원에 당도하면 뭔가 아늑하고 평화로운 공간에 들어서는 느낌이 듭니다. 아미산(峨嵋山)입니다. 철쭉 붉게 피는 봄날 교태전 대청마루에서 창문을 열고 내다보면 아미산 화계가 눈부시게 아름답습니다.
　아미산은 교태전 뒤뜰에 왕비를 위하여 조성한 인공 화계(花階)입니다. 경회루 연못에서 파낸 흙으로 돋우어 만든 작은 동산에 사철 즐길

함형문

수 있는 꽃과 나무를 심어 꾸몄습니다. 원래 아미산이라는 이름은 꽤 여럿 등장하는데, 가장 유명한 곳은 중국 산동성(山東省) 박산현(博山縣)에 있는 명산으로 도교에서는 신선이 사는 선경(仙境)으로 그렸습니다. 아미산의 아랫단 화계에는 두꺼비가 조각되어 있는 연꽃 모양의 물확이 두 개 있습니다. 서왕모(西王母)가 준 불사약을 몰래 훔쳐 먹고 달로 도망가서 두꺼비가 된 항아(姮娥)의 전설로 두꺼비는 달을 상징하고 이곳이 곧 신선세계인 선경임을 의미합니다.

그리고 아미산 중턱 가운데에는 또 다른 두 개의 '커다란' 연못이 있습니다. 석조 형식의 연못으로 '노을이 내려앉은 연못' 낙하담(落霞潭)이 동쪽에, '달을 머금은 연못' 함월지(涵月池)가 서쪽에 있습니다. 이쯤 우리의 시적인 감성도 꽤나 무르익었을 터이니 마음으로 고운 석양빛과 눈부시게 아름다운 달빛을 머금은 연지를 살펴보시겠습니까. 실은 네모난 작은 돌확을 두 개 조각해 놓고 거기에 낙하담과 함월지라고 새겼습니다. 당신께서도 그 작은 못에 붉은 노을이 비치고 은빛 달이 비치는 그림으로 선경의 시상을 떠올리시기 바랍니다. 교태전의 왕비께서도 매일 이 작은 못에 지는 노을과 동산에 머무는 달빛을 보며 선경의 항아가 되었을 것입니다.

안쪽 가장자리에 두꺼비가 조각된 연꽃 물확

교태전의 뒤편 후원은 아늑하고 평화로운 느낌을 만들어줍니다.

{ 경복궁 화첩을 펼치며… }

월궁 항아의 눈썹처럼 아름다운 아미산의 봄꽃

아미산 중턱 가운데에 '커다란' 두 개의 연못이 보입니다.
'달을 머금은 연못' 함월지와 '노을이 내려앉은 연못' 낙하담입니다.

아미산 굴뚝

  석지가 있는 화계 윗단에는 굴뚝 4기가 세워져 있습니다. 아미산에서 우리는 여성을 위한 공간답게 정성들여 꽃담 치장을 한 굴뚝과 담장을 볼 수 있습니다. 그러나 처음 이곳에 오는 사람들은 동산 위에 있는 그 조형물이 굴뚝이려니 생각 못하는 경우가 더 많지요. 붉은 벽돌을 사람 키보다 조금 높게 육각형으로 쌓고 그 위에는 기와를 얹어 지붕을 만들고 가운데에는 연기가 빠지는 연가(煙家)를 4개 얹었습니다. 온돌에

아미산의 봄

서 빠져나온 연기가 땅 밑의 긴 연도(煙道)를 통해 화계 위의 굴뚝으로 빠져나가도록 연결시켜서 열효율을 높이고 굴뚝 위의 연가는 집으로 연기가 역류하는 것을 방지하는 효과가 있습니다.

굴뚝의 각 면에는 용면이나 불가사리 등의 벽사(辟邪) 문양과 함께 십장생, 사군자, 만자문, 당초문 등의 길상문을 구워 박아서 자칫 칙칙해지기 쉬운 굴뚝을 아름다운 조형물로 표현했습니다. 아미산 굴뚝의 각 면에 그려진 여러 그루의 매화는 봄 소식을 알리는 새의 노래가 한 폭에 담겨 있는 화조도입니다. 굴뚝의 꽃담에 어우러진 매화와 새, 복을 부르

아미산의 굴뚝과 괴석

는 박쥐와 학이 동산을 꾸미고 있습니다. 굴뚝을 저토록 아름답게 치장하고 보물로 지정해서 그 아름다움을 감상하는 민족이 세계에 또 어디에 있을까 싶습니다.

조그만 동산을 꾸며놓고 신선이 사는 아미산이라는 이름을 붙이는 우리 조상들의 시감(詩感)에 감탄할 수밖에 없습니다. 그뿐만 아니라 낙하담과 함월지는 노을이 깃든 못과 달이 잠긴 연못이니 이 또한 얼마나 큰 자연인가요. 아주 차원 높은 차경(借景) 문화입니다.

풍수로 보는 건순각

　이곳 아미산에서 우리는 그렇게 단순히 경치만을 즐기기 위해 동산을 쌓은 것 같지 않은, 뭔가 보다 더 큰 의미를 생각해볼 수도 있겠습니다. 풍수지리적으로 볼 때 아미산은 백두대간의 정기가 흘러 백악에 다다라 꽃피운 한 송이 매화의 형상입니다. 그 아미산 동편에 교태전의 뒤편으로 연결된 건순각(建順閣)이 있습니다. 건순각은 양의 성질인 '강건(剛健)'에서 음의 성질인 '유순(柔順)'에서 한 자씩을 따온 '음과 양의 화

건순각과 화계 풍경

건순각 뒤편

'합'을 나타내는 이름으로 왕비의 산실(產室)로 쓰였던 곳입니다. 한반도를 타고 흐르는 백두대간의 정기가 한북정맥을 타고 삼각산에서 백악으로 이어지고 다시 아미산에 다다릅니다. 그리고 왕비는 이곳에서 백두대간의 정기를 이어받은 왕세자를 낳는다는 왕조의 소망을 구상으로 건순각이 그곳에 있습니다.

  그리고 건순각을 둘러싸고 있는 북쪽의 꽃담 치장은 이곳에 사는 아름다운 여인을 위해 정성을 들인 흔적을 여실히 보여줍니다. 담장에 각종 꽃담 문양으로 수를 놓아 감탄을 자아낼 수밖에 없습니다. 동편의 홍예를 틀어 올린 작은 문, 연휘문을 통해 내다보는 자경전 꽃담의 아름다움도 한눈에 들어옵니다.

백두대간의 정기를 이어받은 왕세자를 낳는다는 왕조의 소망이 숨 쉬고 있습니다.

{ 경복궁 화첩을 펼치며… }

건순각 뒤편 복도 난간

홍예를 틀어 올린 작은 연휘문으로 아미산의 전경이 한눈에 들어옵니다.

{ 경복궁 화첩을 펼치며… }

연휘문 안쪽에서 내다보는 자경전 꽃담

교태전 담에서는 다양한 문양으로 치장한 꽃담을 만날 수 있습니다.

{ 경복궁 화첩을 펼치며… }

집안의 경사를 의미하는 꽃담의 바자문

{경복궁 화첩을 펼치며…}

자미당 터 살구나무가 노란 잎으로 물들어 가고…

살구나무가 황금빛으로 물들어 가면 고궁의 가을은 깊어만 갑니다.

9 자경전 꽃담에 취하다

{ 경복궁 화첩을 펼치며… }

자경전 서쪽 안담에서 내다본 여름

 ## 신정왕후를 위한 자경전

자미당(紫薇堂) 터 동쪽으로 자경전(慈慶殿)이 보입니다. 자경전은 고종의 양어머니인 신정왕후 조대비를 위하여 지은 대비전입니다. 신정왕후는 순조의 아들 효명세자의 빈(嬪)입니다. 남편인 효명세자는 왕이 되지 못하고 죽었으나, 아들 헌종이 왕으로 즉위한 후 효명세자를 익종으로 추존함으로써 왕비가 되신 분입니다. 헌종의 뒤를 이은 철종마저 후사가 없이 승하하자, 왕실의 최고 어른이 된 조대비는 이하응(흥선대원군)의 둘째 아들인 명복을 양자로 삼아 왕위를 잇게 했습니다. 그러나 고종이 열두 살의 나이로 나랏일을 보기에는 너무 어려 신정왕후가 수렴청정하다가 흥선대원군에게 국정을 수행하도록 했습니다. 자경전은 조대비의 섭정이 끝난 후에는 고종이 업무를 보던 편전으로 잠시 사용했습니다.

'자경(慈慶)'이란 이름은 정조가 즉위하면서 어머니 혜경궁 홍씨를

자경전 앞을 지키는 돌짐승

만세문

자경전과 여름 누각 청연루

위해 지은 창경궁에 있던 자경전에서 비롯되었는데, '자애로운 어머니에게 경사가 임하기'를 뜻하는 말입니다. 자경전으로 들어가는 문은 어머니의 만수무강을 비는 의미가 담긴 만세문(萬歲門)입니다.

원래 자경전은 여름 전각 청연루(淸讌樓)와 협경당(協慶堂), 뒤쪽의 복안당(福安堂)이 복도로 연결된 구조를 가진 꽤 큰 집입니다. 지금은 자경전 앞마당이 툭 트여 있지만 예전에는 자경전과 협경당 사이 청연루 어간쯤에 취병(翠屛)이나 나무판자로 된 가리개를 둘러 마당을 구분했던 듯합니다. 취병이란 대나무로 틀을 짜서 나무 덩굴을 틀어 올려 공간을 구획했던 생나무 울타리입니다.

자경전은 고종 4년(1867)에 지어졌으나 그 후 여러 차례의 화재로 소실되어 다시 지었고, 현재 건물은 고종 25년(1888)에 재건된 건물입니다.

협경당

살구꽃 피는 사월의 꽃담은 사람들의 마음을 설레게 합니다.

{ 경복궁 화첩을 펼치며… }

자경전 바깥 마당에 핀 눈부신 살구꽃

{ 경복궁 화첩을 펼치며… }

꽃 지고 난 후 연록의 봄빛으로 충만한 꽃담

자경전의 서쪽 담장에 정성들여 꽃담 치장을 했습니다.

궁궐의 꽃담 중 이보다 아름다울 수 없는 자경전 서쪽 꽃담입니다.

꽃담은 은유다

교태전 아미산을 지나 건순문(建順門)을 나서면 넓은 빈터가 보입니다. 군데군데 잔디를 심어 건물이 있던 자리임을 표시하고 있습니다. 바로 자미당이 있던 자리입니다. 자미당 터에 서서 교태전 바깥 담장과 자경전 서편 담장의 꽃담 치장을 보면 격조 높은 조선의 궁궐 건축이 얼마나 아름답고 화려한지 다시 한 번 확인해 볼 수 있습니다. 교태전의 담장이 여성의 공간답게 꽃담으로 꾸며져 있지만 근래에 복원한 것

귀갑문과 만자문

으로 자경전 꽃담만큼의 운치는 없지요. 그럼에도 불구하고 교태전 일곽을 감싸고 있는 담장 문양의 의미뿐만 아니라 꽃담이 보여주는 화려한 색채 대비는 우리를 감동시키기까지 합니다.

 자경전 서편 담장의 꽃담은 1800년대 후반에 제작한 것으로 조선왕조의 궁궐에 있는 꽃담 중 이보다 더 아름다운 꽃담은 찾아보기 힘듭니다. 담장에 그려진 꽃담 문양에서 이 집 주인의 소망을 충분히 짐작할 수 있겠지요. 조대비의 침전인 자경전의 담장과 굴뚝에는 대비께서 '오래오래 행복하게 사시라'는 기원을 담은 문양이 아름답게 꾸며져 있습니다. 한자 길상 문양은 담장의 오른쪽에서 왼쪽으로 배치했습니다. 이를 읽어보면 천(千), 강(疆), 만(萬), 년(禾=年), 장(長), 춘(春)으로 오래도록 굳세고 생명이 돋아나는 화창한 봄날 같기를 바라는 소망을 담고 있습니다. 나무와 꽃은 오른쪽에서 왼쪽으로 대나무,

꽃담의 월매도

영산홍, 국화, 모란, 석류, 천도복숭아, 매화 순으로 배열되어 있습니다. 그 마지막 그림에서 우리는 이른 봄 매화가지에 앉아 달빛에 졸고 있는 작은 새가 가져온 봄빛을 이미 마음으로 읽을 수 있습니다. 매화는 추운 겨울을 이기고 이른 봄 꽃피어 청아한 향기로 제일 먼저 봄을 알리는 조춘화(早春花)라고 불렸습니다.

〈매화와 새〉, 세라믹(Terra-sigillate), 2004

담장에는 보름달을 배경으로 어린 새가 한 마리 날아와 앉아 쉬고 있는 월매도(月梅圖)가 있습니다. 이곳 담장 안에 살고 있는 여성을 아름다운 월궁(月宮) 항아(姮娥)로 묘사한 은유를 이곳에서 읽을 수 있습니다. 그런데 이 자경전 바깥 담에 설치한 꽃담은 누구를 위한 그림이었을까요. 원래 꽃담 치장을 그 집 주인이 볼 수 있는 울안에 했다면 이 매화 꽃담의 주인은 자미당에 살던 항아였을 겁니다. 우리가 사경전의 주인이었던 신정왕후 조대비를 위한 꽃담으로 알고 있던 사실에 대해 다시 생각하게 합니다.

혹자는 자경전 꽃담의 매화가지에 앉은 이 새를 가장 고운 소리로 노래한다는 휘파람새라고 합니다. 꽃담장의 백 년 된 매화가지에 앉은 휘파람새는 해마다 자미당 터에 피어 봄을 알리는 살구꽃과 봄을 노래하고 있는지도 모르겠습니다. 어린 휘파람새가 잠시 달빛에 기대어 쉬고 있습니다. 그리고 해마다 그 옆에서 봄을 꽃피우는 자미당 터 살구꽃의 유혹을 어찌 모른 척할 수 있을까요. 혹 꽃이 진 여름이라도 세 그루의 살구나무가 담장 문양과 잘 어울리는 나무그늘 아래서 잠시 쉬어가는 것도 좋겠습니다. 그러면 이제부터 그 꽃담에 수놓은 옛사람들의 소망을 읽어보시기 바랍니다.

❖ 꽃담의 문양

대나무(竹) : 추운 겨울에도 푸른 잎을 그대로 유지하는 절개로 선비들의 사랑을 받아왔다. 윤선도는 〈오우가五友歌〉에서 사철 푸르며 욕심 없이 속이 비어 있는 대를 칭송하고 있다.

대나무와 바자문

영산홍 : 모양과 색이 아름다워 많은 사람들이 사랑한 봄꽃으로 연산군은 영산홍 1만 그루를 창덕궁 후원에 심어 가꾸게 했다.

영산홍과 만자문 만(卍)

국화(菊) : 늦가을 첫 추위를 이겨내고 피는 꽃으로 다른 꽃이 만발하는 계절을 참으며 서리 내리는 늦가을에 인내와 지조를 꽃피운다. 중국 진나라의 도연명이 사랑했던 정절과 은일의 꽃이다.

만자무과 국화

석류 : 열매가 익은 후 주머니 속에 많은 씨를 가지고 있는 석류는 붉은 주머니 안에 빛나는 씨앗이 가득 들어 있는 모양이 다남자(多男子)를 의미하고, 다산을 상징한다.

귀갑문과 석류

모란 : 부귀를 상징하는 꽃으로 예부터 꽃 중의 왕(百花王)이라 칭해졌다. 모란의 꽃이 붉어서 단(丹)이라 했고, 굵은 뿌리에서 새싹을 내는 수컷의 형상이라 목(牡) 자를 붙였다. 모란(富貴)이 목련(玉), 해당화(堂)와 함께 그려지면 부귀옥당(富貴玉堂)을 의미한다.

모란과 길상문 년(秊=年)

복숭아 : 《산해경》에 의하면 고대 중국 서쪽 멀리 곤륜산(崑崙山)에 사는 신선 서왕모(西王母)가 불사약을 가지고 있는데, 선도(仙桃)는 불사약으로 하나를 먹으면 몇 천 년을 산다고 했다.

천도복숭아와 길상문 장(長)

십장생 굴뚝 옆면의 박쥐와 당초 문양

박쥐 : 박쥐 문양은 경복궁 굴뚝의 꽃담 곳곳에 날개를 펴고 있다. 박쥐의 한자식 표기는 편복(蝙蝠)이다. 복(蝠)의 발음이 우리가 기원하는 복(福)과 같아서 동양의 한자 문화권에 있는 나라에서는 이러한 복의 기원으로 박쥐 문양을 심심치 않게 볼 수 있다.

박쥐는 또한 오래 산다고 해서 장수를 의미하기도 하며, 다섯 마리의 박쥐는 장수(長壽)·부귀(富貴)·강녕(康寧)·유호덕(攸好德)·고종명(考終命)의 오복(五福)을 나타낸다. 우리 옛 여인들의 장신구뿐 아니라 집의 건축 구조물 장식에도 박쥐가 보인다.

당초(唐草) : 당초는 원래 덩굴 식물로 겨울이 지나 새움 트는 줄기에서 뻗어 나가는 생명력으로 끊임없이 이어지는 번영과 강한 생명력을 의미한다. 꽃담뿐 아니라 돌계단이나 문기둥에서도 당초 문양을 볼 수 있으며, 옷의 문양이나 장신구의 문양으로도 많이 디자인되어왔다.

빙렬문은 마치 얼음이 깨진 것 같은 면 구성에
각종 꽃과 나비, 벌이 배치되어 아주 화려한 조화를 보여줍니다.

{ 경복궁 화첩을 펼치며…}

자경전 꽃담의 빙렬문

학(굴뚝의 좌우)　　　　　용(굴뚝의 가운데)

불가사리(굴뚝의 아래)　　　박쥐(굴뚝의 옆면)

자경전 북쪽 담장의 십장생 굴뚝(보물 제810호)

십장생 굴뚝

자경전 뒤뜰로 가면 북쪽 담장에 ❁십장생을 수놓은 굴뚝이 있습니다. 굴뚝을 찾으러 뒷마당에 들어섰지만 우리가 일상 짐작했던 굴뚝으로 보이는 물건은 보이지 않습니다. 사실 십장생 굴뚝은 그 주변의 담

> ❁ **십장생 이야기** : 십장생은 해·구름·산·바위·물·사슴·학·거북·소나무·불로초(不老草) 등 상서로운 생물과 무생물을 장수의 의미로 그려서 인간의 염원인 불로장생을 기원하는 그림의 열 가지 소재이다.
> 해는 우주만물 생명의 근원이고, 구름은 사람이 좋은 일을 하고 죽으면 구름을 타고 하늘로 올라간다고 생각을 했다. 산과 바위는 굳건하고 변함이 없으며, 물은 순리를 거스르지 않고 사슴은 장수하고 항상 무리지어 살며 성정이 온화해서 우정을 의미하고 사슴의 뿔은 벼슬을 뜻하는 관을 연상시킨다. 거북과 학은 장수하며, 학의 날개는 백설 같아서 진흙에도 더럽히지 않는다.
> 천년을 산다는 학이 불로초를 입에 물고 있는데, 불로초는 복숭아와 함께 불로장생의 불사약으로 알려졌다. 옛날 중국의 시황제는 자신의 불로불사(不老不死)를 위해 서불(徐市)에게 명해 동남동녀 5백(3천이라고도 한다)을 이끌고 동해의 신선이 사는 섬에 가서 불로초를 구해 오도록 했다. 그러나 그는 자신이 원하던 아방궁에서 불로장생을 누리지 못한 채 50세에 죽은 황제였다. 진시황이 그토록 구하려고 애썼던 불로초가 경복궁 담장의 꽃담 여기저기에 있다.
> 궁궐 꽃담의 불로초는 영지버섯으로 그려지는데, 영지버섯은 1년에 세 번 꽃피운다 하여 삼수(三秀)라 하고 이것을 먹으면 기사회생한다고 했다. 그리고 그 모양이 여의(如意)를 닮았고, 마치 상서로운 구름이 한데 모이는 것 같다고 해서 여의운(如意雲)이라고도 불렀다. 십장생은 이렇듯 꽃담뿐 아니라 병풍 그림으로도 그려져서 인간 세계의 소망을 대변했다

굴뚝을 장식하고 있는 십장생 문양

장 치장에서부터 보는 이의 감탄을 자아낼 만큼 아름다운 큰 벽체로 된 하나의 그림입니다. 십장생 굴뚝이 하나의 꽃담 벽면으로 보이는 이유는 자경전 일곽의 여러 건물에서 나오는 몇 개의 연도(煙道)들이 땅 밑으로 연결되어 벽면에 설치된 것을 하나의 벽체로 감싸고 있기 때문입니다. 굴뚝의 꼭대기에 연기가 빠져나가는 연가 열개가 얹혀 있는 것을 보고서야 굴뚝인 줄 짐작할 수 있겠습니다. 벽체 위쪽에는 학이 불로초를 입에 물고 있으며, 양쪽의 두 마리 학 사이에는 벽사의 의미로 용면 부조가 보입니다. 굴뚝 아래쪽에는 불을 제압하는 불가사리가 양쪽에 보입니다.

십장생은 자경전 굴뚝의 해, 구름, 산, 바위, 물, 소나무, 학, 사슴, 거북, 불로초는 어머니의 무병장수와 복록을 기원하는 메시지입니다. 그리고 그 오른편에 연꽃과 오리가 있는 물가 풍경과 포도송이는 그들의 은유적 사랑을 엿볼 수 있는 풍경입니다.

학과 거북과 불로초(십장생 문양 가운데 부분 확대)

{ 경복궁 화첩을 펼치며… }

연꽃과 물가 풍경(세라믹, Terra-Sigillate, 2004)

가을의 만추를 느끼기에 이곳만한 곳이 또 있을까요?

{ 경복궁 화첩을 펼치며… }

자경전 담장 밖 은행잎 뚝뚝 지는 가을날…

{경복궁 화첩을 펼치며…}

담장에 물든 눈부신 은행잎

자경전 동쪽 담장

영추문 문루의 남쪽 소문이었던 것을 자경전 동쪽 담장으로 이전하여 복원한 문
보기 드문 벽돌문(전축문)으로 탄탄한 비례와 조형감을 드러내고 있다.

 # 궁궐의 음식을 관장한 소주방

　자경전 만세문에서 남쪽으로 바라보면 제법 큰 규모의 소주방(燒廚房)이 있습니다. 소주방은 왕실 가족을 위한 음식을 장만하던 곳이었습니다. 경복궁에서 가장 큰 규모의 내소주방과 외소주방이 왕과 왕비, 대비, 세자의 생활 공간인 강녕전, 교태전, 자경전, 그리고 자선당 가까이에 자리하고 있는 것입니다.

　궁궐의 음식은 소주방에서 관장합니다. 궁궐의 소주방은 왕과 왕비의 내전 가까이에 배치하는 것을 원칙으로 하지만 한 군데에만 있었던 것이 아니고, 경복궁 동편 생활공간의 몇 군데에 나뉘어 있었습니다.

복원된 소주방 내부

생과방으로 쓰인 복회당

소주방 우물

    내소주방에서는 아침·점심·저녁의 수라를 장만하고, 외소주방에서는 궁중의 크고 작은 잔치에 쓰이는 다과와 전다(煎茶 : 떡)를 만드는 곳으로 이곳에서 소주방 나인과 생과방(生果房:《궁궐지》에 의하면 자경전 동쪽의 예춘당과 남쪽의 복회당은 생과방으로 쓰였다고 한다) 나인이 음식을 담당합니다.

    소주방과 생과방은 나란히 위치하면서 조석수라와 다과나 전다를 올리는데, 주방상궁은 음식을 만들고 수라상 차림은 수라상궁이 맡았습니다. 수라상을 올릴 때는 수라상궁 셋이 거행하는데, 그중 나이가 가장 많은 상궁을 기미상궁이라 하고 검식을 합니다. 또 한 명의 상궁은 뚜껑을 여닫는 시중을 들며 나머지 한 명의 상궁은 전골을 만들어 올립니다. 주방상궁 외에 음식을 담당하는 남자 전문 요리사를 대령숙수(待令熟手)라 부르며, 궁중의 진연 음식을 따로 맡아하게 됩니다. 이들은 세습에 의해 그 기술을 전수했다고 합니다.

10 자선당, 세자를 위하여

건춘문 쪽에서 바라본 근정전과 자선당, 그리고 멀리 인왕산이 들어옵니다.

동궁의 공간, 자선당

　경복궁 동문 건춘문 안쪽에 있는 자선당(資善堂)은 다음 보위를 이어갈 왕세자의 동궁전(東宮殿)입니다. 세자궁은 궁궐의 동쪽에 두어 동궁이라 불렀습니다. 이때 동쪽의 개념은 만물이 소생하는 봄을 상징합니다. 예를 들면 세자 책봉례(冊封禮)를 봄에 하는 것도 이 생명의 기운이 작동하는 계절의 의미 때문입니다.
　'자선(資善)'은 '착한 성품을 기른다'는 뜻입니다. 이곳에서 문종이 20여 년간 세자 노릇을 했고, 1441년에는 단종이 태어났습니다.

자선당

자선당, 세자를 위하여　247

이극문에서 바라본 자선당 영역

● 세종 23년(1441) 7월 23일 1번째 기사
왕세자빈 권씨가 동궁 자선당에서 원손을 낳아 도승지 조서강 등이 진하(陳賀)하매, 임금이 말하기를, "세자의 연령이 이미 장년이 되었는데도, 후사가 없어서 내가 매우 염려하였다. 이제 적손(嫡孫)이 생겼으니 나의 마음이 기쁘기가 진실로 이와 같을 수 없다" 하였다.

세자빈 권씨(현덕왕후)는 세종 23년 7월 23일 이곳에서 단종을 낳고 하루 만에 죽었습니다. 만약 현덕왕후 권씨가 그렇게 일찍 죽지 않았다면 세조의 왕위 찬탈과 같은 비극도 막을 수 있지 않았을까 생각해봅니다. 고종 때 경복궁이 중건된 후에는 순종이 이곳에서 거처했습니다.

동궁은 근정전과 사정전의 동편에 있고, 그 영역은 자선당과 비현각(丕顯閣)으로 구분되어 있습니다. 자선당은 왕세자와 세자빈의 생활공간이고, 비현각은 세자의 집무 공간입니다. 동궁전 앞으로는 세자를 교육

비현각

비현각 내부

하고 보필하는 임무를 맡았던 세자시강원(世子侍講院:춘방春坊)과 세자를 경호하는 임무를 맡았던 세자익위사(世子翊衛司:계방桂坊)가 있어 세자를 다음 왕위를 이어갈 재목으로 키워갔습니다.

자선당 남쪽에는 계조당(繼照堂)이 복원되었는데, 이곳은 왕세자가 신하들과 조회하던 집무 공간입니다. 1452년에 건물이 헐렸고, 1891년에는 왕세자(훗날 순종)의 집무를 위해 지었으나 일제강점기에 철거되었다가 2023년 복원되었습니다.

복원된 계조당

[경복궁 화첩을 펼치며…]

자선당 바깥 마당의 작은 문

궁궐의 측간은 어디일까요?

　사람 사는 생활공간의 중요한 부분인 측간을 지금의 궁궐에서 찾아보기란 쉽지 않습니다. 실제로 궁궐을 관람하다가 생리현상을 해결하기 위해 화장실을 찾게 되는 경우가 있는데, 그때 문득 옛사람들은 궁궐 안에 측간을 어디에 두고 살았을까 하는 궁금증이 일어나곤 합니다. 왕실의 윗분들이야 개인 용변기인 매우틀(왕이나 왕비가 사용한 이동식 화장실)을 사용했더라도 그 외의 많은 궁궐의 사람들은 생리현상을 어떻게 해결했을까요? 이에 대해 많은 관람객이 의문을 갖고 질문을 하는 경우

자선당과 비현각 사이의 두 칸 측간

자선당, 세자를 위하여　251

도 있습니다.

예전 사람들이 살았을 때는 측간시설이 실제적으로 여러 곳에 있었을 것이나 일제강점기에 궁궐의 면모가 완전히 파괴되고 나서는 그 흔적을 찾기가 쉽지 않게 되었습니다. 다만 옛 궁궐의 모습을 짐작할 수 있는 〈북궐도형〉이나 〈동궐도형〉 같은 평면 도형을 통해 몇 군데 확인을 할 수는 있겠지요. 〈북궐도형〉을 살펴보면 경복궁에는 측간이 28군데 정도 있었던 것을 확인할 수 있는데, 일제강점기에 크게 훼손되었던 동궁 영역이 1999년 복원되면서 현재는 자선당과 비현각 일곽의 두 군데 측간이 복원되어 있습니다. 비현각에서 자선당으로 들어가는 사이의 측간은 두 칸으로 되어 있고, 비현각 바깥쪽 동편에는 좀 규모가 큰 네 칸짜리 측간이 있습니다. 그런데 많은 사람들은 이곳이 측간이라는

이극문 왼쪽에 위치한 네 칸 측간

사실을 모르고 지나는 경우가 더 많습니다. 왜냐하면 측간에까지 단청을 올려서 우리가 상상하는 뒷간처럼 생기지 않았거든요. 그러면 유럽 황실 궁전의 화장실은 어땠을까요? 그러나 그들의 궁정문화에서 화장실이 도입된 것은 아주 오래전 이야기가 아닙니다. 오히려 우리의 궁궐에는 당연히 배치되었던 화장실조차도 없었던 비인간적이고 비위생적인 현실을 엿볼 수가 있습니다. 그리고 향수의 발전이 지린내를 상쇄시키기 위한 목적이었다는 것을 알고는 고소를 금치 못하게 됩니다.

> ❖ **베르사이유 궁전의 화장실**
>
> 프랑스 루이 14세의 베르사이유 궁전은 화려한 유럽 궁정 문화의 산실이었다. 베르사이유 궁전이 완성되어 루이 14세가 이곳으로 옮겨 살게 된 것은 1682년의 일로 루이 14세는 각 지방의 영주들을 불러 이 궁전 안에서 살게 했으므로 당시 이 궁전에는 약 천 명의 귀족들과 4천여 명의 하인들이 살았다.
> 게란트(Roger-Henrl Guerrand)가 쓴 《화장실 문화사》를 보면 프랑스 베르사이유 궁전에는 화장실이 없었다고 한다. 궁전의 설계에서 화장실은 아예 고려되지 않았던 것이다. 당시 궁전을 출입했던 수많은 귀족들이 그들의 배설물을 어떻게 처리했는지를 상상하면 그저 아찔해질 뿐이다. 그들은 사람들의 눈을 피해 건물의 구석 벽이나 바닥 또는 정원의 풀숲이나 나무 밑을 이용했다고 한다. 그리고 이와 같은 일이 비단 베르사이유 궁전에서만 일어난 것은 아니었고 대부분의 유럽 왕실의 궁전이 비슷한 상황이었다.
> 왕이 개인적으로 사용하는 화장실 외에는 베르사이유 궁전 안에 화장실이라고 불릴 만한 곳은 단 한 군데도 없었다. 무도회가 열리는 베르사이유 궁전의 홀 바깥 복도는 항시 지린내가 진동을 했다는 사실은 유명하다. 무도회에 초대된 귀족들은 휴대용 변기를 지참하여 생리적인 응급 대비를 하기도 했으나, 오물을 비우는 일은 하인들의 몫이었다. 이들이 오물을 버리는 곳 역시 으슥한 정원 구석이었고, 궁에서 생활하는 궁신들의 배설 또한 이러했다고 하니 오물로 덮인 궁전의 실상을 짐작하고도 남음이 있다. 영화로 그려지는 유럽의 세련된 문화 뒤에는 이렇게 지린내 나는 이야기로 얼룩져 있다.

{경복궁 화첩을 펼치며…}

자선당 바깥 마당

풍기대

풍기대 (보물 제847호)

　자선당을 나와 자경전 북쪽의 함화당과 집경당을 향해 가는 길 왼편에 나무 사이로 당초문이 조각된 예사롭지 않은 긴 돌기둥이 보이는데, 풍기대(風旗臺)입니다.

　풍기대는 해시계와 측우기같이 기상 관측을 목적으로 궁궐에 설치했던 과학 측정기구입니다. 농업 생산력을 국가의 최대 근간으로 여겼던 조선왕조가 날씨와 기상 상태의 변화 관찰에 민감했던 것을 보여주는 예시물입니다. 풍기대의 맨 위에는 기를 꽂을 수 있는 홈이 있어서 깃발을 단 기다란 깃대를 그 홈에 꽂아 바람의 세기와 방향을 측정했습니다.

11 함화당과 집경당, 사색을 즐기다

함화당 안을 보기 위해 누구나 한 번쯤 고개를 낮추는 영지문이 있습니다.

 # 함화당과 집경당

　자경전 북쪽으로 향원정을 향해 발걸음을 옮기는 길 오른쪽으로 뽕나무가 꽤 여러 그루 있습니다. 뽕나무 오디가 떨어지는 철이면 길은 온통 보랏빛으로 물듭니다. 그리고 뽕나무 그늘 아래 피는 맥문동의 한여름 보랏빛 꽃이 아름다운 길입니다. 아미산 뒤편부터 함화당(咸和堂)과 집경당(緝敬堂)이 있는 앞쪽, 자경전 북쪽 나무숲은 〈북궐도형〉에 보면 원래 흥복전(興福殿)이 크게 자리 잡고 있었고, 현재 흥복전 영역은 복원되었습니다. 흥복전은 왕의 후궁들이 살던 빈궁(嬪宮)이었습니다. 고종 27년(1890) 신정왕후 조대비가 흥복전에서 승하했습니다. 1917년 창덕궁 내전 화재 때 창덕궁 중건을 위해 흥복전 일곽이 철거되었습니다.
　흥복전 북쪽의 집경당과 함화당은 주로 침전 영역으로 사용된 것으

함화당과 집경당 영역에서 바라본 흥복전

복원된 흥복전

로 알려져 있습니다. 두 집은 3칸의 복도로 서로 연결되어 있습니다. 주변에 담장을 두어 여러 채의 부속건물과 문을 거느린 공간으로 흥복전과는 또 다른 영역으로 고종 연간에 지어졌을 것으로 보입니다. 고종이 건청궁에 머무를 당시 이곳에서 여러 차례 각국의 공사 등 외국사신을 접견했다고 합니다.

함화당

집경당

현재 복원된 함화당과 집경당 영역에 이르면 의외로 느낌이 차분해서 다른 사람에게 방해받지 않고 아늑한 분위기를 맛볼 수 있습니다. 사실 다른 관람객들이 이런 한적한 곳까지 찾아와 기웃거리는 경우는 매우 드물지요. 그리고 이곳이야말로 역사적으로 크게 중요했던 공간은 아닙니다. 궁궐에서의 산책은 꼭 그곳이 중요한 곳이었거나 큰 역사적 의미가 있는 장소였던 것과는 상관없이 담장으로 아늑하게 둘러쳐진 공간에서 조용한 사색을 즐길 수 있습니다. 그냥 내 눈으로 보고 있는 이 정다운 공간이 편안하게 다가오는 순간이 있습니다. 혹 그때 우리의 마음에 그 집 주인이 다가와 말을 걸어올지도 모릅니다. 이런 순간을 찾을 수 있을 때 궁궐은 아름다운 곳이 됩니다. 이러한 우리의 기대에 부응하듯 함화당 뒤뜰의 영지문(迎祉門)을 나서면 작은 화단에 하지(荷池)라는 돌확이 있습니다. '연꽃이 있는 못'이라는 의미인데, 연꽃 다 진 가을날 하지 옆의 새빨간 화살나무 단풍이 하지에 담겨 꽃보다 더 예쁜 풍경을 만들어냅니다.

함화당과 집경당은 3칸의 복도로 연결되어 있다.

집경당 누마루의 빙렬문

새빨간 화살나무 단풍이 꽃보다 더 예쁜 풍경을 만들어냅니다.

{ 경복궁 화첩을 펼치며… }

함화당 뒤편 하지와 화살나무 단풍

 왕비의 친잠례

　흥복전 터 동편 길과 향원정 연지 둘레에는 뽕나무가 여러 그루 있습니다. 경복궁뿐 아니라 조선시대 궁궐에는 오래된 뽕나무들이 많이 심어져 있는데, 왕실에서 행하던 친잠의식과 관련이 있습니다.
　조선의 왕은 친경(親耕)을 하여 백성들의 농사짓는 노고를 알고, 왕비는 친잠(親蠶)으로 길쌈하는 아낙들의 노고를 위로했습니다. 친잠례(親蠶禮)란 왕비가 친히 내외명부를 거느리고 양잠의 본을 보여 비단 생산에 힘썼던 궁중의례를 말합니다.
　예로부터 우리나라는 누에를 쳐서 비단을 짜는 일을 중요하게 여겼습니다. 마을마다 잠신(蠶神)을 모시는 사당이 있었고, 나라에서는 선잠단이란 제단을 만들어 임금 이하 백관들이 정기적으로 제사를 지냈으며, 왕비는 누에치기를 장려하기 위해 손수 친잠례를 행했습니다. 다시 말해 친잠례는 백성들에게 양잠의 중요성을 인식시키고 이를 널리 장려하기 위한 국가적인 의식이었습니다.
　영조 43년(1767) 경복궁에서 거행되었던 친잠례의 내용을 기록한 《친잠의궤親蠶儀軌》를 보면, 왕비가 선잠신(先蠶神)에게 간단히 고유(告由)하는 형식으로 치러진 중궁전작헌선잠의(中宮殿酌獻先蠶儀)를 지낸 후 왕비는 5가지, 혜빈과 왕세손빈은 7가지, 내명부와 외명부 부인들은 9가지의 뽕을 땄던 것으로 기록되어 있습니다.

● 영조 43년(1767) 1월 24일 1번째 기사

내국에서 입진하였다. 임금이 말하기를, "나의 친경(親耕)이 몇 번째인가?" 하니, 부제조 윤득우가 말하기를, "세 번째입니다" 하였다.

임금이 말하기를, "'문백(文伯)의 어머니는 왕후도 친히 현담(玄紞)을 짰다(1648)'라고 말하지 않았던가? 근래에 잠상(蠶桑)의 도를 듣지 못해 마음속으로 항상 개탄하여 곤전으로 하여금 친잠하게 하고자 한 것이니, 뜻이 대개 깊은 것이다. 의문(儀文)을 갖추지 않을 수 없는데, 단지 채상(采桑)만 행하는 것은 구경거리에 가깝다고 하겠다. 서릉씨(西陵氏)는 선잠(先蠶)의 주인으로 만년 가까이 이를 행하였는데, 곤전으로 하여금 만약 친사(親祀)하지 못하게 하면 어찌 경강(敬姜)의 뜻이겠는가? 11일에 거행할 것을 명한다. 그날 내가 미리 경복궁에 가서 예를 마치고, 근정전에 앉아서 세손과 백관의 하례를 받을 것이며, 근정전 내정에서는 곤전이 백관의 하례를 받는다. 그런 후 내가 강녕전에 앉아 곤전과 함께 혜빈과 세손빈, 내외명부의 조현(朝見)을 받고 회가(回駕)한다. 11일에 먼저 서릉씨의 향(香)을 숭현문(崇賢門)에서 전할 것이니, 내전·혜빈·세손빈·내외 명부는 마땅히 수행해야 하며, 축문(祝文)의 두사(頭辭)에는 '조선국 왕비 김씨(朝鮮國 王妃 金氏)'라고 일컬어야 한다. 잠모(蠶母)에게는 각기 면포(綿布) 1필 씩을 하사하고, 친잠례를 마친 후 친경례에 의하여 잠모로 하여금 먼저 머리를 조아리게 하고 면포를 나누어준 후에도 머리를 조아리게 한다. 내집사 이하는 그때를 당하여 시상(施賞)할 것이니, 이에 의해 거행하라." 하였다.

함화당 뒤편

함화당과 집경당, 사색을 즐기다　265

12 향원정 연꽃 향기에 실리다

향원정

 향원정(香遠亭)으로 가는 길 동쪽으로 잠깐 눈을 들어보면 민속박물관이 보입니다. 실은 민속박물관 건물 자체가 지어질 때부터 이것저것 복합적으로 구성되어 본래의 경복궁에는 전혀 어울리지 않는 공간입니다. 그러나 사람들은 마땅치 않은 것이라도 오래 그 자리를 지키고 있는 것에는 습관적인 인식으로 너그러워지는 아량이 있습니다.

 집경당과 함화당을 지나 연지가 보이고 늠름한 백악이 한눈에 들어오면 우리는 이미 궁궐의 북쪽 끄드머리까지 당도했다는 것을 느낄 수 있습니다. 한참을 걸어서 꽤나 피곤한 다리를 이끌고 쉴 만한 장소를 찾고 싶어집니다. 바로 그 앞까지 당도하지 않아도 향원정은 멀리부터 그 아름다운 자태로 우리를 사로잡는군요.

 여름이면 연못에 가득 핀 연꽃이 참 고운데 잠시 취향교(醉香橋)의 다리 이름처럼 멀리 퍼지는 연꽃 향기에 취해볼 만합니다. 연못가에 설치된 벤치에 앉아 정자를 찬찬히 감상해보시겠습니까. 연못 가운데 둥근 섬이 있고 그곳에 잘 가꾸어진 나무에 둘러싸인 2층의 아담한 정자가 향원정입니다. 육모 지붕에 절병통(節甁桶)이 씌워져 있어 모임지붕의 아름다움을 보여줍니다. 더구나 왕께서 왕비를 위해 지은 정자임에야 오죽이나 아름답겠습니까.

 세조 2년(1456) 이곳에 취로정(翠露亭)이라는 작은 정자가 있었습니다.

연지에 어린 향원정

그 후 고종 10년(1873) 건청궁을 영건할 때 옛 후원인 서현정 일대를 새롭게 조성하고, 연못 한가운데 인공의 섬을 만들고, 그 위에 육각형 정자를 지은 것이 바로 향원정입니다. '향원'이란 주돈이(周敦頤, 1017~1073)의 ✿'애련설(愛蓮設)' 중 '향원익청(香遠益淸)'에서 따왔으니, '연꽃 향기가 멀리 갈수록 더욱 맑아진다'는 뜻입니다.

❖ 연꽃을 사랑함에 대하여(愛蓮說)

물과 땅에서 나는 꽃 중에는 사랑스러운 것이 매우 많다(水陸草木之花 可愛者甚蕃)
진나라의 도연명은 유독 국화를 사랑했고(晉陶淵明獨愛菊)
이씨의 당나라 이래로 세상 사람들은 모란을 몹시 사랑했으나(自李唐來 世人甚愛牡丹)
나는 홀로 연꽃을 사랑한다(予獨愛蓮之)
진흙 속에서 나왔으나 물들지 않고(出於淤泥而不染)
맑은 물 잔물결에 씻겨도 요염하지 않고(濯淸漣而不妖)
속은 비었으되 밖은 곧아(中通外直)
덩굴은 뻗지 않고 가지도 없으며(不蔓不枝)
향기는 멀수록 더욱 맑고 우뚝 깨끗하게 서 있으니(香遠益淸 亭亭淨植)
멀리서 바라볼 수는 있으되 함부로 다룰 수는 없다(可遠觀而不可褻翫焉)
나는 말하겠다(予謂)
국화는 꽃 중의 은일자요(菊花之隱逸者也)
모란은 꽃 중의 부귀한 자요(牧丹花之富貴者也)
연은 꽃 중의 군자라고(蓮花之君子者也)
아(噫)!
국화에 대한 사랑은 도연명 이후에는 들은 적이 드물고((菊之愛 陶後鮮有聞)
연꽃에 대한 사랑은 나와 같은 이가 몇 사람인고(蓮之愛 同予者何人)
모란에 대한 사랑은 많을 것이 당연하리라(牡丹之愛宜乎衆矣)

연꽃(세라믹, Terra-Sigillate, 2004)

옛사람들은 꽃에 특별한 의미를 부여한다. 국화에는 은일자를, 모란에는 부귀의 뜻을 새겨 넣었다. 그런데 연꽃에는 그다지 내세울 만한 의미를 준 사람이 없었다. 이를 안타깝게 여긴 주돈이(周敦頤)가 연꽃이 만개하는 날 붓을 들어 연꽃의 덕을 칭찬했다. 그것이 '연꽃을 사랑함에 대하여'이다. 주돈이에 의해 연못에서 이름 없는 풀꽃으로 뙤약볕을 견디던 연꽃이 '군자의 꽃'이라는 새로운 애칭을 얻었다. 그날 이후 사람들은 주돈이가 언명한 연꽃의 정의에 대해 어느 누구도 토를 달지 않았다고 한다. 주돈이는 자가 무숙(茂叔)으로 중국 강서성의 여산(廬山)에 있는 염계(濂溪)에서 염계서당을 짓고 살아 주렴계(周濂溪)라고도 불렸다.

# 연꽃 향기에 취하여

    청와대 뒤 푸른 하늘을 배경으로 펼쳐진 백악은 계절에 따라 그 모습을 바꾸면서 향원정의 자태를 한층 돋보이게 합니다. 연못의 남쪽에 서면 향원정 뒤로 경복궁과 옛 한양의 사대문 안을 지켜보고 있는 백악의 푸른 용을 볼 수 있습니다. 산 정상 가까이에 둥근 바위 두 개가 불뚝 튀어 나왔는데, 흡사 부리부리한 용의 두 눈을 닮았습니다. 백악은 한양의 주산으로 현무인데, 웬 용의 눈이냐고 반문할지 모르나 풍수에서는 기가 흐르는 통로인 산을 용으로 보며, 그 생김새에 따라 길한 산

연꽃향 그윽한 향원정의 여름 (사진 양인억)

향원정 남쪽으로 설치되었던 취향교

과 흉한 산을 구분한다고 합니다.

향원정으로 들어가는 다리는 취향교(醉香橋)입니다. '취향(醉香)', 연꽃 향기가 멀리까지 바람에 실려 가고, 보는 이는 이미 그 향기에 취했으니 이보다 더 아름다운 시가 어디 있을까요.

원래 취향교의 위치는 건청궁에서 바로 향원정으로 건너갈 수 있게 북쪽에 있었습니다. 그러나 한국전쟁 때 불타 없어진 다리를 1953년에 새로 설치할 때 남쪽에 놓았습니다. 당시에는 건청궁도 모두 헐려 나가 흔적도 없고 하니 경복궁 남쪽에서 진입하는 관람객의 입장에서 감상

향원정 취향교의 원래 모습 (국립중앙박물관 소장)

할 수 있도록 남쪽에 다리를 놓은 것입니다. 한동안 경복궁을 찾는 관람객들은 남쪽에 낮게 설치된 취향교에 더 익숙해 있었습니다. 그리고 취향교의 물밑 교각은 지나치게 물에 잠겨 있었습니다.

그런데 건청궁 앞쪽에서 보면 원래 취향교를 받치던 석축이 북쪽에 그대로 남아 있어 문화재청은 2021년 11월 취향교를 원래의 위치에 복원했습니다. 취향교는 아치형 목교로 마치 흰 무지개를 튼 것 같은 모습을 하고 있습니다. 이제 건청궁에서 나와 취향교 무지개를 건너 향원정으로 들어갈 수 있게 되었습니다. 고종과 왕비가 건청궁에 살면서 거닐던 향원정을 이제서야 취향교를 건널 수 있게 본래의 모습을 찾은 것입니다.

향원정 일대는 왕실 가족이 독서와 휴식을 취하던 곳입니다. 원래 연

향원정 북쪽에서 건청궁 쪽으로 복원한 취향교

향원정 북쪽의 석주

못의 가장자리는 참나무방죽으로 가렸고, 정자가 있는 섬 둘레에도 장막을 쳤던 돌 흔적이 남아 있습니다. 육모지붕의 정자 건물은 2층으로 되어 있는데, 아래층은 온돌이고 위층은 마루방입니다. 위층의 천장에는 온통 연꽃으로 치장을 하고 주작을 그려 아주 아름답습니다. 향원정의 연꽃 형상을 연상케 하는 아름다움이 내부에도 설치되어 있습니다.

(사진 양인억)

겨울 향원정은 쓸쓸하되 그 아름다움은 더욱 짙어집니다.

{ 경복궁 화첩을 펼치며… }

향원정 연못가의 눈 쌓인 나뭇가지에 붉게 남은 가을 단풍

열상진원과 전기발상지

향원정 연못을 오른쪽으로 돌아 북쪽에 다다르면 작은 샘이 나옵니다. '열상진원(洌上眞源)', 연지로 흘러드는 샘의 우물 뚜껑 옆면에 새겨진 글입니다. 여기서 '열상(洌上)'은 한강의 옛 이름이 '열수(洌水)'와 같은 뜻으로 사용됐습니다. 이 물이 열수, 즉 한강의 진짜 근원이라는 말입니다. 백악에서 시작한 물줄기가 샘으로 모여 연지로 흘러들어갑니다. 이 물이 영제천으로 흐르고, 청계천을 거쳐 한강으로 유입되므로 이곳

열상진원

열산진원의 물줄기는 향원정 연지로 흘러들어간다.

을 진원(眞源)이라 상징적으로 표현한 것입니다.

　물가에 가까이 다가가 보면 샘물이 연못으로 흘러들어가는 수조(水槽)의 꾸밈이 자못 예사롭지가 않습니다. 수조의 구조는 일부러 거친 물살을 한차례 꺾어 물의 흐름을 늦추기 위해 둥근 모양의 그릇에 물을 모이게 한 다음 물길 바닥을 'ㄱ' 자로 꺾어 조각했습니다. 연못을 지극히 정적인 공간으로 조성하려는 의도였을 것입니다. 그리고 샘 앞의 물이 고이는 수조에는 태극을 새겼습니다. 물결은 태극을 따라 둥근 물 그림을 만들면서 연지로 흘러들지요. 그리고 한 번 더 물가를 자세히 들여다보면 물밑 돌판에 물결을 잠재우는 얕은 고랑을 파서 조각을 해 놓았습니다. 옛사람들은 들리지 않는 풍경까지도 마음으로 읽어 그 고요를 만들어내고 있습니다. 지금의 시끄러움을 넘어선 광폭한 소음에 무심하게 사는 우리네가 생각할 때는 경이롭기까지 한 배려라는 생각이 듭니다.

연지 북쪽에 작은 표지석이 있습니다. 이곳이 고종 때 한국 최초의 전기 발상지라는 내용입니다. 1887년 3월 6일 건청궁에서 경복궁에 750개의 전

전기발상지 표지석

등을 켜는 점등식이 있었습니다. 이때 발전실은 향원정 남쪽의 영훈당 터 북쪽에 설치하고, 연지의 물로 동력 발전을 일으켜 서양식 전구를 켜서 어두운 밤을 밝혔던 것입니다. 중국이나 일본보다 2년 빠른 전기 문명의 유입이었습니다.

당시 궁 안의 사람들뿐만 아니라 궁 밖의 사람들도 이 신기한 광경을 보려고 담장으로 모여들어서 몹시 소란했다고 합니다. 일부 궁녀들은 소란한 발전기 소리와 대낮같이 밝은 불빛 때문에 불면증에 시달렸다고 하는데, 한국근대사에 있어서 소음공해와 환경오염의 최초의 산실이 건청궁으로 기록될 듯합니다. 더구나 발전기에 쓰인 뜨거운 물이 연지로 흘러들어 물고기들이 죽어 떠오르자 이를 보고 나라에 좋지 않은 일이 있을 것이라고 크게 걱정을 했다는데, 과학을 모르는 우매한 생각이었지만 결과적으로는 그들의 우려대로 역사가 흘러갔습니다. 그리고 우리는 요즈음 낮밤 없이 너무 눈부시고 너무 시끄러운 세상에 살고 있습니다.

연지의 물로 서양식 전구를 켜서 어두운 밤을 밝혔던 그날…

13 건청궁, 친정을 펼치다

해질녘 건청궁 앞마당으로 나무 그림자가 드리워졌습니다.

궁궐 안 또 하나의 궁, 건청궁

'건청(乾淸)'은 '하늘이 맑다'는 의미입니다. 향원정 북쪽에 있습니다. 장안당(長安堂), 곤녕합(坤寧閤), 복수당(福綏堂) 등이 건청궁 영역 안에 일곽을 이루고 있습니다. 건청궁은 이름대로라면 1873년(고종 10년)에 경복궁 동북쪽에 지은 궁궐 안의 또 하나의 '궁'입니다. 경복궁 중건이 흥선대원군에 의해 주도되었다면, 건청궁 영건은 고종이 주도했습니다. 당시 고종은 왕의 비자금인 내탕금을 써서 경복궁 끝자락인 동북쪽에 건청궁 공사를 비밀리에 진행했습니다. 아버지 흥선대원군의 그늘에서

건청궁

건청궁 안쪽

벗어나 스스로 정국을 이끌어나가겠다는 왕권에 대한 고종의 친정(親政) 의지를 읽을 수 있습니다. 나중에 건청궁 공사를 신하들이 알고 반대했으나 고종은 의지를 굽히지 않았고 공사를 강행했습니다. 건청궁은 궁 안에 99칸의 양반 사대부가를 재현한 창덕궁의 연경당(演慶堂)처럼 안채와 사랑채로 구분된 건축 형식을 지녔으며, 단청을 올리지 않은 백골집입니다. 왕의 처소인 장안당, 왕비의 처소인 곤녕합, 그리고 부속건물인 복수당 등으로 구성되어 있습니다.

  건청궁 영건 이후 고종과 왕후는 주로 이곳에서 머물렀습니다. 그러나 1895년 을미사변으로 명성황후가 시해당하고, 이듬해인 1896년 2월 신변의 위협을 느낀 고종이 러시아 공관으로 피신하는 아관파천을 단행하면서 주인을 잃은 건청궁은 1909년 일본인들에 의해 헐려 사라졌습니다. 대신 그 자리에는 조선총독부 미술관이 지어졌고, 해방 후 이 미술관은 한동안 국립현대미술관으로 사용되다가 경복궁복권정비계획에 의해 1998년 철거되었습니다. 건청궁 복원은 2004년 6월에 시작돼 3년여 걸쳐 마무리되면서 을미사변 100여 년 만인 2007년 10월에 일반인에게 개방되었습니다.

행랑채의 문창살

{경복궁 화첩을 펼치며…}

건청궁 서쪽

장안당

'장안(長安)'은 '오래도록 평안하다'는 뜻입니다. 장안당(長安堂) 현판 오른쪽 상단에 임금의 글씨를 뜻하는 '어필(御筆)'이 전서체로 새겨져 있고, 왼쪽 하단에는 '주연지보(珠淵之寶)', '만기지가(萬幾之暇)'라는 낙관 두 개가 새겨져 있습니다. 주연지보는 고종의 낙관입니다. 이 현판의 글씨는 규장각 소장 《어필현판첩(御筆懸板帖)》에 수록되어 있는 고종 친필 장안당 탁본을 모사하여 새긴 것입니다. 고종의 나이 열세 살에 쓴 창덕궁 관물헌의 '집희(緝熙)'와는 그 필체에서 느껴지는 연륜이 다릅니다. 열두 살에 즉위한 소년 군주는 이렇게 무르익은 필체를 보일 만큼 의젓한 왕이 되었습니다.

장안당은 왕이 소대(召對 : 왕이 신하를 불러 만나는 것, 특히 낮 시간에 경연관

장안당 현판

고종이 열세 살에 쓴 창덕궁 관물헌의 '집희' 필체

장안당과 남쪽 누각 추수부용루

을 불러 정례의 경연 외에 따로 강론을 주고받는 것을 말한다)를 행하거나 신하를 만나는 곳으로 사용했다는 기록으로 보아, 편전으로 쓰인 것으로 추측됩니다. 고종은 이곳에서 미국·영국·러시아 등의 공사들을 접견하면서 여러 정치적인 문제들을 처리했습니다.

　장안당은 당시 조선 사대부 상류 주택의 건축 양식 중에서도 가장 격식을 갖춘 집입니다. 실내 복도각을 통하여 곤녕합 서행각으로 연결되었습니다. 장안당에 속한 건물로는 침방인 정화당과 남쪽 누각 추수부용루(秋水芙蓉樓)가 있습니다. '추수부용(秋水芙蓉)'은 가을 물속의 연꽃이 바람에 몸을 맡겨 스스로 미소 짓는 모습입니다. 날아갈 듯 아름다운 추녀 곡선하며 사뿐히 올라앉은 누각의 모습이 그 이름처럼 어여쁜 한

징인딩 실내 복도는 곤녕합 서행각으로 연결된다.

송이 연꽃입니다. 헌종의 거처였던 창덕궁 낙선재 누각과 그 형태와 구조에서 닮았습니다. 이 누각은 곤녕합의 사시향루(四時香樓)와 짝을 이룹니다.

 장안당 뒤편에 세워진 관문각(觀文閣)은 1873년에 세워져 처음에는 관문당(觀文堂)으로 불렸다가 1875년 관문각으로 고쳐 부르면서 고종의 서재로 사용된 건물이었습니다. 원래 관문각은 전통적 목조건물이었으나, 왕실의 개화 의지를 반영하여 러시아 건축가 ❋세레진 사바친(A. S. Sabatine, 1860~1921)에 의해 2층 벽돌조 건물로 개조되어 경복궁 안의 유일한 서양식 건물이었습니다. 하지만 일제는 1901년 이후 관문각을 헐어버렸고, 지금은 그 터만 전해질 뿐 복원되지는 못했습니다.

장안당 북행각 앞의 빈터만 남은 관문각 터

　관문각이 있던 넓은 터 뒤편에 창고로 쓰이던 장안당의 북행각이 있습니다. 그리고 장안당 마당 남쪽 담장에 기대어 감나무가 한 그루 심어져 있습니다. 고종께서는 감을 아주 좋아하였는데 진상품으로 보내지는 감을 '고종시'라고 부를 정도였답니다. 지금의 감나무는 경남 산청에서 보내온 것을 고종을 위해 심은 것입니다.

> ✿ 세레진 사바친 : 한국 최초의 서양인 건축가. 서대문의 독립문과 정동의 러시아공사관, 덕수궁의 손탁호텔·정관헌·중명전·돈덕전·구성헌, 경복궁의 관문각을 비롯한 조선 근대 주요 서양 건축물의 설계자이다. 당시 경복궁 관문각에 상주하던 사바친은 1895년 건청궁에서 벌어진 명성황후 시해사건을 목격하고 러시아 영사관을 통해 사건을 국제사회에 처음 알린 인물이다.

관문각 터에서 모란이 핀 장안당 뒤편 봄을 바라봅니다.

장안당 담장 너머 향원정이 그 자태를 뽐내고 있습니다.

{ 경복궁 화첩을 펼치며… }

장안당 마루에 앉아 담장 너머 바라본 향원정의 가을

 # 곤녕합

   곤녕합(坤寧閣)은 건청궁 내 동편에 있습니다. 왕비가 거처하던 곳입니다. '곤녕(坤寧)'은 '땅이 편안하다'는 뜻으로 왕비의 덕성을 나타내는 이름입니다. 북쪽에 복수당이 있고, 옥호루는 곤녕합에 딸린 남쪽 누각입니다. 곤녕합 남루(옥호루)의 동쪽 이름인 사시향루(四時香樓)는 그 이름에서 여성적인 분위기가 한껏 느껴집니다. 사시향(四時香)은 '사계절 끊이지 않고 꽃향기가 풍긴다'는 뜻입니다.

왕비의 처소인 곤녕합

곤녕합의 남쪽 누각 옥호루

옥호루 담장 너머 향원정은 그곳에 머물렀던 명성황후를 떠올리게 합니다. 향원정 물가 풍경이 너무도 아름다워 사무치게 슬퍼질 때도 있습니다. 이곳 옥호루에서 조선의 국모 명성황후는 일본인들의 칼날 아래 45세의 짧고 한 많은 생을 마감했습니다. 그녀의 시신이 불태워졌던 녹산(鹿山)으로 나가는 청휘문(淸輝門)이 곤녕합 동행각 중간쯤에 있습니다.

● 고종 32년(1895) 8월 20일 1번째 기사
이보다 앞서 훈련대(訓鍊隊) 병졸과 순검(巡檢)이 서로 충돌하여 양편에 다 사상자가 있었다. 19일 군부대신(軍部大臣) 안경수가 훈련대를 해산하자는 의사를 밀지(密旨)로 일본 공사 미우라 고로(三浦梧樓)에게 가서 알렸으며, 훈련대 2대대장 우범선도 같은 날 일본 공사를 가서 만나보고 알렸다. 이 날 날이 샐 무렵에 전(前) 협판(協辦) 이주회가 일본 사람 오카모토 류노스케(岡本柳之助)와 함께 공덕리에 가서 대원군을 호위

옥호루와 사시향루 현판

해 가지고 대궐로 들어오는데 훈련대 병사들이 대궐문으로 마구 달려들고 일본 병사도 따라 들어와 갑자기 변이 터졌다. 시위대 연대장 홍계훈은 광화문 밖에서 살해당하고 궁내대신 이경직은 전각 뜰에서 해를 당했다. 난동은 점점 더 심상치 않게 되어 드디어 왕후가 거처하던 곳을 잃게 되었는데, 이날 이때 피살된 사실을 후에야 비로소 알았기 때문에 즉시 반포하지 못하였다.

● 고종 32년(1895) 10월 15일 1번째 기사
조령을 내리기를, "지난번 변란 때에 왕후의 소재를 알지 못하였으나 날이 점차 오래되니 그 날에 세상을 떠난 증거가 정확하였다. 개국(開國) 504년 8월 20일 묘시에 왕후가 곤녕합에서 승하하였음을 반포하라."

1895년, 왕후 민씨가 경복궁 건청궁에서 일본인들에게 시해당한 사건을 을미사변(乙未事變)이라 합니다. 1894년 일본의 압력을 피해 잠시

명성왕후의 시해 장소로 추정되는 정시합 골목

창덕궁에 이어했던 고종은 한 달 만에 경복궁으로 돌아오면서 건청궁에 머무르게 되었습니다. 그러나 1년 후 건청궁에서 일본인들이 왕후를 시해하는 을미사변이 일어났습니다. 우리 민족으로서는 국모가 왜인들에게 시해당하는 치욕적인 수모를 겪게 된 것입니다. 그것도 국권을 상징하는 왕의 궁궐에서 일어난 일입니다.

당시 1894년 동학농민운동을 계기로 청나라와 일본의 양국 군대가 조선에 들어오고 청일전쟁이 일어났습니다. 고종은 김홍집 등 중도 내각을 등용하여 갑오개혁을 단행하고, 제국 연호를 사용하는 등 본격적인 개화의 문을 열었습니다. 1895년 청일전쟁에서 청나라의 패배가 확실해지자 왕후 민씨는 다시 러시아에 접근했습니다. 일본은 1895년 8

건청궁, 친정을 펼치다 299

곤녕합 북쪽에 위치한 복수당

월 20일(양력 10월 8일) 새벽 일본 공사 미우라(三浦梧樓)가 이끄는 일본 공사관 직원, 낭인들과 군대를 건청궁에 투입시켜 그들의 조선 침략에 걸림돌이 되는 왕후를 시해했습니다. 작전명 '여우사냥'이었습니다. 그날 새벽 일본인 낭인들이 경복궁의 광화문으로 침입, 경회루의 왼쪽을 지나 북쪽으로 계속 올라가 건청궁으로 들어갔습니다. 이들은 명성황후를 찾아내어 장안당과 곤녕합 사이 뜰에서 시해하고 왕후의 시신을 곤녕합의 동쪽 건물 옥호루에 잠시 옮겨 놓았습니다. 일본 공사 미우라는 왕후의 시신을 확인한 다음 증거를 없애기 위해 불태울 것을 지시했습니다. 일본인들은 이불로 덮은 왕후의 시신을 건청궁 동쪽 옆에 있는 녹산(鹿山)으로 옮겨 장작더미에 올려놓고 석유를 끼얹어 불을 질렀습니다. 그리고 그 뼈는 연못에 버려졌다고 하나 결국 찾지 못했습니다. 이 사건을 목격한 러시아인과 미국인 등이 각국 외교관들에게 사건의 진상을 폭로함으로써 을미사변은 널리 알려지게 되었습니다.

우리는 명성황후의 실체를 확인할 수 있는 사진이나 초상이 없습니다. 그러나 우리가 상상으로 그려낸 기품 있는 황후의 초상화로 명성황후를 기억하며 위로 삼을 뿐입니다. 그녀는 뮤지컬에서 그려지듯이 그렇게 영웅적인 모습으로 죽지 않았습니다. 일본인들에 의해 무참하게 치욕적으로 살해되었다는 기록이 을미사변 당시 현장에 있던 일본인 이시즈카 에조(石塚英藏)가 쓴 〈에조보고서〉에 몸서리쳐지도록 생생히 그려져 있습니다.

일제의 국모 살해는 국내뿐만 아니라 국외적으로도 충격적인 사건이었습니다. 조선 전역에서는 왕비 살해의 원한을 갚자며 을미의병이 일어났고, 국제적으로는 일본을 비난하는 목소리가 높아졌습니다. 이와 같이 정황이 불리해지자 일본 정부는 잠시 비난을 피하려고 사건과 관련된 사람들을 감옥에 넣었다가, 이듬해 1월 미우라 등 범죄인을 '증거 불충분'의 이유로 모두 석방했습니다. 이들은 일제의 조선 침략에 뜻을 같이하여 일본 사회를 이끌어가는 기자·정치가·작가 등으로 일본 정부나 사회에서 중요한 자리에 있던 사람들이었으며, 을미사변 이후 장관과 외교관 등으로 활약했습니다.

미우라와 함께 조선에 건너와 낭인의 동원을 맡았던 시바시로(柴四郎)는 하버드 대학을 마친 뒤 다시 펜실베니아 대학에서 경제학을 전공하고 정치가와 소설가로도 활약한 인물입니다. 또 궁성의 침입과 살해를 담당했던 낭인 출신으로 영사관보인 호리구치 구마이치(堀口九萬一)도 도

교대학 법학부를 졸업했으며, 사건 후 브라질과 루마니아에서 공사를 지냈습니다. 이와 같이 그들은 일제의 대륙 침략에 앞장서서 행동하는 민간인으로 포장된 침략주의자들이었으며, 을미사변은 일제가 치밀히 계획한 사건이었습니다.

왕후의 시호는 이후 1897년 고종의 칭제건원(稱帝建元)에 의한 대한제국 수립 후 ✿명성황후(明成皇后)로 추존되었습니다.

필성문

✿ **명성황후** : 영국 고위 성직자의 딸이었던 비숍(Isabella Bird Bishop, 1831~1904)은 1893년 조선을 처음 방문한 이래 1897년까지 네 차례 조선을 답사하면서 명성황후를 네 번 만났다. 비숍이 남긴 《한국과 그 이웃 나라들》이라는 책에서는 명성황후를 다음과 같이 묘사한다.

명성황후 영정

"왕비는 마흔 살을 넘긴 듯했고 퍽 우아한 자태의 늘씬한 여성이었다. 피부는 너무도 투명하여 진줏빛 가루를 뿌린 듯했다. 눈빛은 차갑고 날카로우며 예지가 빛나는 표정이었다. 대화의 내용에 흥미를 갖게 되면 그녀의 얼굴은 눈부신 지성미로 빛났다. 나는 왕비의 우아하고 고상한 태도에 감명 받았다. 나는 그녀의 기묘한 정치적 영향력, 왕뿐 아니라 그 외 많은 사람을 수하에 넣고 지휘하는 통치력을 충분히 이해하게 되었다."

청휘문에서 바라본 녹산은 왜 이렇게도 슬프고도 아름다울까요?

자선당 유구

자선당은 일제강점기에 경복궁의 많은 전각이 파괴되면서 일본으로 팔려간 건물입니다. 일본인 무역상 오쿠라 기하치로(大倉喜八郞)는 도쿄 한복판 자신의 집에 자선당을 옮겨 짓고 '조선관'이라는 그의 개인 미술관으로 사용했습니다. 그러나 1923년 관동대지진으로 건물은 불타고 주춧돌만 남게 된 돌무더기가 김정동 교수(건축학)의 조사와 추적 끝에 발견되었습니다. 자선당 유구는 1993년 일본 도쿄 오쿠라 호텔 정원에서 발견된 뒤 1995년 12월 말 110톤 분량의 유구석 288개가 반환되었습니다.

자선당의 주춧돌은 무관심 속에 일본 땅에 버려져 있다가 고향인 경복궁으로 돌아왔지만 정작 자선당을 복원할 때는 '돌이 불을 먹어서' 제구실을 할 수 없다 하여 다시 제자리로 돌아갈 수 없었습니다. 불에 타 검게 그을리고 무너져 내린 돌더미는 건청궁 옆 녹산에 그렇게 되돌아와 있습니다.

청휘문

건청궁 뒤편 녹산에 위치해 있는 자선당 유구

지금도 대지진 당시 불을 먹은 돌은 녹산 숲 그늘에서 푸슬푸슬 그 살점을 떼어내고 있습니다. 하필 그 유구가 놓여 있는 자리가 명성황후의 시신을 일본인들이 불태웠던 자리이고 보면 당시 우리의 힘없는 역사가 다시 한 번 우리를 가슴 아프게 합니다. 나라를 잃으면 사람뿐만 아니라 건물도 이렇게 수난을 당했습니다.

14 집옥재, 근대사를 생각하다

{ 경복궁 화첩을 펼치며… }

집옥재 서쪽, 신무문 가는 길 담장 바깥의 단풍

 ## 고종의 서재, 집옥재

　건청궁의 장안당 쪽 서문 필성문(弼成門)을 나서면 경복궁 서북쪽의 넓은 터에 멀리 집옥재(集玉齋)와 경복궁의 북문인 신무문이 보입니다. 건청궁 서쪽에 있는 집옥재는 고종이 서재로 사용하던 건물로 중국풍의 화려한 건축물입니다. '옥같이 귀한 보배를 모은다'는 이름으로 집옥재에 수많은 귀한 서적을 보관하고 서재의 기능으로 사용했으므로 '옥처럼 귀한 서책을 모아둔 집'이라는 의미로 볼 수 있습니다.

집옥재

집옥재 현판은 세로로 걸려 있는데, 현판 왼쪽에 미원장(米元章)이라는 글씨가 새겨져 있습니다. 미원장은 북송의 서예가인 미불(米芾, 字 元章)을 일컫습니다. 중국풍으로 지은 집에 송나라 명필인 미불의 글씨를 집자(集字)하여 현판을 걸었습니다. 다른 궁궐 건축의 선례에 없는 중국풍의 이국적인 양식으로 건물 전면에 월대와 답도를 두었습니다. 또한 월대 계단 및 답도의 서수 조각의 표정도 그로테스크한 특성을 지녔고, 단청 문양 또한 중국풍으로 매우 화려합니다. 지붕의 용두 장식도 우리나라 용마루의 용두와는 또 다른 사실적인 묘사가 눈길을 끕니다. 집옥재는 밖에서 보면 단층으로 보이지만 내부

집옥재 현판

에는 다락 같은 것을 두어 통로로 연결한 2층 구조입니다.

집옥재 건물 뒤편에는 만월창이 있고 그 양쪽에 각각 두 개의 아치형 반월창을 냈습니다. 동쪽으로는 'ㄱ'자로 꺾인 협길당(協吉堂)이, 서쪽으로는 팔우정(八隅亭)과 연결되어 있습니다. 고종은 이 건물들을 어진의 봉안 장소와 서재 겸 외국사신 접견장으로 사용했습니다. 1893년 한 해에만 영국·일본·오스트리아 등 외국 공사들을 다섯 차례 접견했습니다.

중국풍의 화려한 창호와 단청

집옥재 뒤편에서 보이는 만월창과 반월창

백악을 병풍 삼아 왼쪽부터 팔우정, 집옥재, 협길당이 나란히 있습니다.

팔우정

지붕 위의 용두

집옥재와 협길당을 연결하는 복도

계단의 동물 조각상

집옥재 앞 월대로 오르는 계단

신무문 바깥

팔우정 뒤편으로 경복궁의 북문인 신무문이 보입니다. 원래 신무문은 닫아두었다가 왕이 경복궁 밖 후원으로 갈 때에 열었습니다. 신무문의 바깥은 청와대 길입니다. 청와대 터는 원래 고려의 이궁이 있던 궁궐 터로 조선왕조는 태조 때부터 이곳을 경복궁의 후원으로 사용했습니다. 고종 때는 경복궁의 중건과 함께 '북원(北苑)'으로 불렀습니다. 그곳에는 왕이 머물 수 있는 융문당·융무당·춘안당을 비롯하여 옥련정

신무문 안쪽

1929년 조선박람회 개최를 위해 무너진 담장이 정리된 신무문 바깥 풍경(국립중앙박물관 소장)
1937년부터 1939년 사이에 신무문 일대에 총독 관저를 지으면서 대대적인 파괴가 진행되었다.

등의 정자가 있었고, 왕이 친경을 하던 경농재(慶農齋)와 적전(籍田 : 내농포)이 있었습니다. 높은 지대에는 경무대(景武臺)가 있어서 왕이 친히 군사훈련을 점검하고 연회도 베풀었습니다. 또 영조는 어머니 숙빈 최씨를 모신 사당, 육상궁에 참배하기 위하여 임진왜란 이후 아직 복원되지 않은 경복궁 터를 길로 삼았는데, 이때 신무문을 자주 이용했습니다.

  일제는 조선총독부청사를 경복궁 안에 지으면서 총독 관저를 신무문 밖 후원에 지었습니다. 그 후 총독 관저는 제1공화국 때 이승만 대통령 관저로 쓰이면서 이름을 경무대로 바꿨습니다. 제2공화국 이후 대통령 관저는 청와대로 이름이 바뀌고 오늘에 이르렀습니다.

집옥재, 근대사를 생각하다

신무문에서 길 건너 청와대와 백악이 보이는 전경을 놓칠 수 없겠지요.

신무문에서 바라본 청와대

신무문 바깥의 청와대 길

계무문과 광무문

신무문 밖으로 나와 청와대길 위쪽으로 걸어가다 보면 경복궁의 북쪽 문인 계무문(癸武門)과 광무문(廣武門)이 있습니다. 북쪽 궁장에 벽돌을 쌓고 돌로 둥근 아치를 틀어서 만든 작은 월문(月門)이 보이는데, '계무문'입니다. 그리고 조금 더 걷다 보면 홍예 위에 전서체로 새긴 또 하나의 월문인 '광무문'이 보입니다. 광무(廣武)는 '무용을 넓힌다'는 뜻이고, 계무(癸武)란 '북쪽의 현무'를 뜻합니다. 신무문과 함께 모두 궁궐의 북문에 붙이는 이름입니다.

궁궐의 높은 궁장 벽에 숨은 듯 밋밋하게 틀어 올린 작은 월문은 그 옛날 궁궐의 허드렛일을 하는 아랫사람들이나 민초들이 드나들었을 겁니다. 그 옆의 신무문이나 광화문이 지니는 위용보다는 더 친근감이 가는 정다운 문입니다.

만약 당신이 좀 더 낭만적이고 호젓한 방식으로 경복궁을 찾아가보고 싶다면 현재 민속박

경복궁 동쪽 담장을 끼고 걸으면 호젓한 청와대 길이 이어진다.

광무문　　　　　　　　　　계무문

물판 입구에서 경복궁 동쪽 담장을 끼고 북쪽으로 걸어가는 길을 권합니다. 진선북카페를 건너편에 두고 담장 따라 길을 걷다 보면 청와대 길이 나오는데, 이 길이 생각보다 상당히 운치가 있습니다. 광무문과 계무문을 지나 길 건너에 청와대 정문이 보이는가 싶으면 바로 신무문입니다. 신무문 쪽에서도 입장이 가능합니다. 물론 사람들의 통행도 그리 많은 편이 아니라 광화문 앞 광장보다는 덜 번잡하지요. 그곳에서 양 날개를 펼친 신무문을 다시 보면 그 위용이 당당합니다. 그리고 이제 입장권을 사서 들어가면 됩니다. 북쪽 신무문에서 남쪽으로 내려오면서 경복궁을 관람하는 것도 또 다른 재미가 있습니다. 물론 이런 경우는 광화문에서 출발하는 경복궁 관람을 한 번쯤은 해본 후에 하시는 게 좋습니다. 아무튼 이렇게 여러 방식으로 경복궁 여행을 권하는 이유는 각각의 경우마다 독특한 매력이 있기 때문입니다.

15 태원전, 하늘의 이치를 따르다

{ 경복궁 화첩을 펼치며… }

태원전 담장의 소나무 그늘

제례 공간, 태원전

태원전(泰元殿)은 경회루 서북쪽에 있는 제례 공간입니다. 이곳은 궁 안 외진 곳이어서 한적한 분위기입니다. 경회루 골목의 만시문을 나서면 멀리 백악을 머리에 얹은 태원전이 보입니다. 주변의 소나무 숲이 태원전으로 향하는 길의 분위기를 더 엄숙하게 해줍니다. 가까이 다가오는 백악은 그 푸른 기운으로 조선왕조의 '하늘'을 지키고 있는 듯합니다. '태원(泰元)'은 '하늘'을 뜻합니다. 국장 때 시신을 안치하는 곳이

일중문에서 바라본 태원전 영역

므로 '하늘'이라는 존칭으로 부르는 것으로 해석됩니다. 궁에서 국상이 나면 빈전(殯殿)인 태원전에서 국상을 치르고, 종묘에 배향하기 전까지는 혼전(魂殿)인 문소전(文昭殿)에서 3년간 신위를 모셨다가 종묘에 배향했습니다. 이 일대에 제례 공간으로 사용하던 영사재(永思齋), 공묵재(恭默齋)와 세답방이 있습니다.

경안문을 통해 본 태원전 천랑

회안전(會安殿), 문경전(文慶殿)도 같은 용도로 사용되던 제례 공간입니다. 전각 이름, 문 이름이 모두 하늘을 공경하고 자신을 단정히 하는 마음 자세를 일컫는 듯합니다. 경안문(景安門)을 통해 태원전으로 들어서면 건물 중앙을 가로지르는 천랑이 설치되어 있는데, 행랑이 전각의 가장자리에 설치된 건물보다 훨씬 엄숙하고 경건한 분위기를 자아냅니다.

고종 때 태원전 영역을 조성한 이유는 익종의 양자로 입양되어 왕위를 승계한 고종이 정통성을 내세우기 위해서였습니다. 고종은 태원전에 조선을 건

공묵재

태원전 천랑과 행각

국한 태조 이성계의 초상화를 영희전에서 이봉(移奉)하여 모셨습니다. 그 후 태원전은 고종을 왕위에 오르게 한 신정왕후와 고종의 비 명성황후의 관을 모셨던 빈전으로 쓰였습니다.

1895년 왕후가 시해당한 후 1896년 2월 고종은 경복궁을 떠나 러시아 공사관에서 1년 동안 머물렀습니다. 그리고 그해 9월 경운궁(덕수궁)에 명성황후의 빈전인 경효전(지금의 덕홍전 자리)을 짓고, 명성황후의 빈전을 경복궁의 태원전에서 경운궁 경효전으로 옮겼습니다. 다음해인 1897년 10월 고종은 황제 즉위식을 거행하고, 국호를 대한(大韓)으로 선포했으며, 명성왕후를 명성황후(明成皇后)로 추존했습니다. 그리고 명성황후가 돌아가신 지 2년이 지난 1897년 11월에야 비로소 청량리 홍릉(洪陵)에 장례를 치렀습니다. 이후 고종은 태원전 재실인 공묵재에 머물면서 신하들을 만나보곤 했습니다.

영사재

태원전 내부 방   태원전 내부 복도

　태원전은 제사 지내는 집답게 단정하고 엄숙한 외관을 갖추고 있습니다. 하지만 복원 전 이 일대는 일제강점기 때 철거된 후 그 자리에 일본군과 미군이 머물렀을 뿐 아니라 1997년까지 수도경비사 30경비단이 주둔해 있었습니다. 군부의 소란스럽고 무례한 군화소리가 사라진 후 2005년 복원된 조선왕실의 태원전은 이제야 그 본래의 적막을 되찾았습니다.

{ 경복궁 화첩을 펼치며… }

태원전 영사재 문

 장고

    태원전에서 나와 경회루 쪽으로 걷다 보면 계단식 담장이 보이는데 경복궁의 장고 담장입니다. 담장을 돌아가면 장고의 정문인 예성문(禮成門)이 보입니다.

    장고는 궁중 연회나 제례에 쓰이는 장을 보관하던 곳입니다. 〈북궐도형〉에는 함화당과 집경당을 중심으로 동쪽과 서쪽 두 곳에 장고가 있는데, 이곳은 서쪽 장고로 경회루와 태원전 사이에 있습니다. 이곳은

예성문

장고의 항아리

장의 숙성을 위해 햇볕을 최대한 많이 받기 위해 계단식으로 조성한 장독대입니다. 〈동궐도〉에도 창덕궁 선정전 뒤쪽의 장고나 창경궁 통명전 서편의 염고가 계단으로 그려져 있습니다.

옛날 장고의 큰 독에는 간장을, 항아리에는 젓갈을, 작은 단지에는 된장을 담았습니다. 예로부터 우리 조상들은 장맛이 변하면 집안에 큰 변고가 있을 것이라고 하여 장맛을 중요하게 여겼습니다. 따라서 궁궐에서는 매년 길일을 골라 장을 담갔으며, 장맛이 좋게 되기를 염원하는 마음에서 제를 지내거나 고추를 줄에 엮어 금줄을 치는 등의 주술적인 의식을 행하기도 했습니다. 예성문에 금줄을 걸어 잡귀를 물리친다든지, 독에 버선 모양으로 오린 창호지를 거꾸로 붙이는 재미있는 풍습은 요즘 일반에서도 가끔 보입니다. 버섯 모양의 종이를 거꾸로 붙이는 것도 벌레가 발에 밟혀 죽을까 봐 감히 장독에 접근하지 못한다는 해학적인 발상에서 시작되었습니다. 이렇게 궁궐뿐 아니라 민가에서도 장을 담글 때에는 길일을 골라 정성을 다했고, 그러한 정성은 지금도 마찬가지입니다. 예나 지금이나 정성과 좋은 심성이 어우러져야 좋은 장을 만들어낼 수 있다고 생각했기 때문입니다. 지금이야 간장이나 된장뿐 아니라 고추장까지도 모두 편리하게 사먹을 수 있지만, 옛날에는 집집마다 장맛으로 음식 맛을 냈으니 가풍이 장맛에서 우러난다고 할 수 있었지요.

장항아리는 높은 온도에서 구워낸 숨 쉬는 오지 그릇입니다. 살아 있는 항아리가 장맛을 만들어낸다고 옹기장이는 말합니다. 경복궁 장고에는 현재 전국에서 수집된 195개의 독을 모아 전시하고 있습니다. 지역적인 기후 조건에 따라 장을 보관하는 항아리의 형태가 배가 부르기도 하고 홀쭉하기도 합니다. 날씨가 더운 아래 지방으로 갈수록 항아리의 배가 부른 특색을 보이지요. 윗부분은 풍만하고 아랫부분은 홀쭉한 전라도 장독부터 전체적으로 풍만한 경상도 독, 화산재 성분 때문에 주홍빛을 띠는 제주도 독까지 다 모였습니다. 경복궁의 장고는 2001년 발굴된 곳으로 2005년 복원을 완료해 일반인에게 공개되었습니다.

{ 경복궁 화첩을 펼치며… }

경복궁 장고의 항아리

부록_경복궁 십경

 오늘 당신의 여행은 어떤 그림으로 기억에 남을까요? 경복궁은 여러 표정으로 당신께 기억되겠지요. 경복궁 십경의 아름다움을 당신의 마음 속 화첩에 그려보십시오.

북궐 십경

1경
근정전 월대 위에 올라 근정문, 홍례문, 광화문 일직선상에서 보기

2경
근정전 조정의 박석

3경
근정전 월대의 서수

4경
경회루 누각에서 보는 전각 지붕

5경
강녕전 월대에서 바라보는 지붕선

6경
함원전 뒤편 왕비의 우물

7경
교태전 뒤뜰의 아미산 굴뚝

8경
자미당 터에서 보는 꽃담

9경
자경전 뒤뜰의 십장생 굴뚝

10경
백악의 푸른 용과 향원정의 사계

부록_경복궁 복원의 역사

　서울에는 조선왕조의 5대 궁궐 경복궁, 창덕궁, 창경궁, 경희궁, 덕수궁이 있습니다. 그중에서도 경복궁은 정도전이 지은 전각의 이름에서 보이듯이 새로운 시대를 연 조선왕조의 첫 궁궐로 꿈과 이상이 깃들어 있는 곳입니다. 그러나 임진왜란 때 창덕궁, 창경궁과 함께 불탄 후 270여 년간 중건되지 못했습니다. 대신 이 기간 동안 창덕궁이 임금이 상시 머무르고 정치를 하는 궁궐로 조선왕조의 법궁의 지위를 이어받았습니다. 하지만 빈터로 남아 있었던 경복궁이 결코 버려진 채 잊혀진 공간은 아니었습니다. 역대 왕들은 경복궁 근정전 옛터에서 과거를 실행케 하고, 경회루에 나아가 공신의 자손들을 불러 음식을 내리고, 노인연(老人宴)을 베풀기도 했습니다. 특히 경복궁의 북문인 신무문 밖에서는 공신들이 모여 왕께 충성을 맹세하는 회맹제를 거행하기도 했습니다. 그리고 영조는 어머니의 사당인 육상궁에 전배를 하러 갈 때에는 신무문을 이용했습니다. 비록 빈터이지만 조선왕조를 창건하고 도읍을 정한 후의 첫 번째 궁궐로 경복궁이 지니는 상징성이 무엇보다 크기 때문이었습니다.

　경복궁의 전체 면적은 약 12만여 평(420,000㎡)입니다. 고종 대에 중건된 경복궁의 전각 규모는 본래 7,000여 칸 규모에 약 200여 동의 건물이 있었으나, 또다시 일제강점기의 훼손 과정을 겪으면서 전각 몇 채를 남기고 파괴되어 본래 모습의 10분의 1밖에 남아 있지 않게 되어 그 원형이 크게 파괴되었습니다.

　해방 후 대한민국 정부는 경복궁 복원을 위한 시도로 1989년 경복궁의 기본 궁제를 복구하고 복원하려는 계획을 수립했으며, 경복궁의 옛 모습을 복원하는 과정으로 1990년에서 2010년까지 전각 93동의 복원사업을 추진하여 그 1차 복원사업이 마무리되었습니다. 지금도 경복궁을 둘러보면 여기저기 원래의 모습을 찾기 위한 복원 공사 현장이 보입니다. 우리의 아픈 상처가 아물어 가고 있는 치유의 현장입니다.

1차 복원정비사업 (1990~2010년)

1단계 (1991~1995년 12월) : 침전 지역 복원

2단계 (1994~1997년) : 동궁 지역 복원

3단계 (1997~2000년) : 빈전 지역 복원

4단계 (2000~2005년) : 흥례문, 수정전 지역 복원

5단계 (2003~2010년) : 홍복전, 건청궁 지역 복원

2차 복원정비사업 (2011~2030년)

1단계 (2011~2017년) : 홍복전, 소주방, 동·서십자각 영역 복원

2단계 (2013~2018년) : 궐내각사 및 주변 영역 복원

3단계 (2016~2020년) : 근정전 및 동궁 영역 복원 및 정비

4단계 (2019~2023년) : 문경전, 희안전 및 후원 영역 복원 정비

5단계 (2022~2026년) : 오위도총부 주변 복원 및 고궁박물관 리모델링

6단계 (2024~2030년) : 선원전 및 주변 영역 복원

부록_경복궁 연표

1392년	태조 1년	7월 태조가 개경 수창궁에서 즉위. 조선왕조 개국
1394년	태조 3년	9월 남경 고려 옛 궁궐 터를 궁궐 터로 정하고, 신궁궐조성도감 설치 10월 28일 한양 천도 12월 심덕부를 총감독으로 하여 궁궐 공사 시작
1395년	태조 4년	9월 29일 종묘와 새 궁이 완공(종묘 : 내실 7칸, 부속건물 등 총 64칸 규모/ 궁궐 : 내전 지역 173칸, 외전 지역 192칸, 궐내각사와 기타 390칸으로 전체 755칸 규모) * 경복궁은 조선왕조가 개국하고 3년 후에야 완공되었다. 궁이 완공된 후 며칠이 지난 10월 7일 정도전으로 하여금 새 궁궐과 주요 전각의 이름을 지어 올리게 했다. 경복궁의 궁궐 명칭을 비롯한 강녕전, 연생전, 경선전, 사정전, 근정전, 근정문, 오문(광화문)의 명칭이 이때 지어졌다. 그 과정에서 태종 5년(1405)에 창덕궁을 이궁으로 창건하고 경복궁을 법궁으로, 창덕궁을 이궁으로 경영하는 양궐체제를 이룩했다.
1411년	태종 11년	경복궁에 금천을 팜
1412년	태종 12년	큰 누각을 짓고 이름을 경회루라 함
1420년	세종 2년	집현전 설치
1426년	세종 8년	왕명을 받아 집현전에서 광화문, 홍례문(흥례문), 일화문, 월화문, 영제교의 이름을 지어 올림
1429년	세종 11년	사정전, 경회루 중수 시작으로 경복궁의 전각을 새로 짓거나 대대적으로 중수함 * 세종이 경복궁에 주로 임어한 세종 8년~세종 31년 사이에 경복궁은 법궁으로서의 면모를 일신하게 되었다. 이후 1553년(명종 8년) 큰 화재가 발생했으나 경복궁은 임진왜란 전까지 비교적 안정적으로 발전, 유지되었다.

1592년	선조 25년	4월 임진왜란 발발로 왜군에 의해 경복궁이 불에 탐
1865년	고종 2년	신정왕후의 명을 받들어 경복궁 영건 결정함
1868년	고종 5년	7월 2일 고종이 창덕궁에서 경복궁으로 이어함
1873년	고종 10년	향원정 뒤편에 건청궁을 지음
1895년	고종 32년	건청궁 곤녕합에서 왕후가 일본인들에게 시해당하는 을미사변 발생
1896년	고종 33년	2월 고종이 왕세자와 러시아 공사관으로 이어함(아관파천)
1897년	광무 1년	10월 고종이 경운궁으로 이어하면서 경복궁은 법궁으로서의 기능을 상실함
1910년		한일합방 강제 조인 이후 일제의 조직적인 훼손으로 그 원형이 파괴됨
1912년		조선총독부청사 건립 본격화로 흥례문과 주위 행각 및 영제교 철거
1915년		시정오년기념 조선물산공진회를 경복궁에서 개최한다는 명목으로 중요 전각 몇 채만 남기고 대부분의 전각이 헐림 * 조선물산공진회는 일종의 산업박람회로 낙후된 조선의 산업이 일본에 의해 눈부시게 발전했다는 일제의 왜곡된 선전의 장으로 활용되었다. 이때 동궁전인 자선당도 일본 무역상 오쿠라에게 팔려 나갔다.
1916년		6월부터 흥례문 영역에 조선총독부청사 건립 착수
1917년		창덕궁 내전에 불이 나서 경복궁 내전의 건물을 대부분 뜯어다가 옮겨 지음
1926년		조선총독부청사 완공 광화문 철거
1927년		9월 철거한 광화문을 없애려 하였으나 반대 여론으로 긴

		춘문 북쪽으로 옮김
1929년		5월 신무문 북쪽의 융무당과 융문당을 헐어 한강변 용광사 건물을 짓는 데 사용함
1932년		10월 조선왕조 역대 왕의 어진을 모신 선원전이 이토 히로부미의 명복을 비는 박문사로 팔려 나감
1935년		건청궁을 헐고 그 자리에 대한제국 병탄 25주년 박람회장을 만들고 일반에게 공개함. 이처럼 일제의 조직적인 훼손으로 팔려 나간 수많은 경복궁의 전각은 일반인에게 방매되었고, 일본인의 사저로도 지어짐. 전각이 있던 자리에는 궁궐과 관계없는 전국 각지의 사찰에서 가져온 불탑, 사리탑 등으로 채워짐
1995년		8월 조선총독부청사 철거 12월 강녕전과 교태전 권역 복원 12월 동궁 권역 중 자선당과 비현각 복원
2001년		10월 흥례문 권역 복원 흥례문, 유화문, 영제교 복원
2003년		근정전 귀고주 교체 및 지붕 전면 보수
2004년		10월 중앙국립박물관 이전
2005년		경회루 동편 담장 복원, 태원전 일곽 복원
2006년		건청궁 일곽 복원
2008년		함화당과 집경당 보수 및 주변 행각 복원
2010년		광화문 일곽 복원 및 광화문 광장 조성
2010년		소주방 복원

부록_조선왕조 가계도

1대 태조 : 신의왕후 한씨
　　방우
　　2대 정종
　　방의
　　방간
　　3대 태종 : 원경왕후 민씨
　　방연
　　　　양녕대군
　　　　효령대군
　　　　4대 세종 : 소헌왕후 심씨
　　　　성령대군
　　　　　　5대 문종 : 현덕왕후 권씨 ──── 6대 단종
　　　　　　7대 세조 : 정희왕후 윤씨
　　　　　　안평대군
　　　　　　임영대군
　　　　　　광평대군
　　　　　　금성대군
　　　　　　평원대군
　　　　　　영응대군
　　　　　　　　의경세자(덕종) : 소혜왕후 한씨
　　　　　　　　8대 예종
　　　　　　　　　　9대 성종 : 폐비 윤씨 ──── 10대 연산군
　　　　　　　　　　　　　　 : 정현왕후 윤씨 ┐
　　　　　　11대 중종 : 장경왕후 윤씨　12대 인종
　　　　　　　　　　　 : 문정왕후 윤씨　13대 명종
　　　　　　　　　　　 : 경빈 박씨　　　복성군
　　　　　　　　　　　 : 희빈 홍씨　　　금원군
　　　　　　　　　　　　　　　　　　　봉성군
　　　　　　　　　　　 : 창빈 안씨　　　영양군
　　　　　　　　　　　　　　　　　　　덕흥대원군
　　　　　　　　　　　　　　　　　　　14대 선조

14대 **선조** : 의인왕후 박씨
　　　　 : 인목왕후 김씨 ── 영창대군
　　　　 : 공빈 김씨 ┬── 임해군
　　　　　　　　　 └── **15대 광해군**
　　　　 : 인빈 김씨 ┬── 의안군
　　　　　　　　　 ├── 신성군
　　　　　　　　　 ├── 정원군(원종) ── **16대 인조** : 인렬왕후 한씨
　　　　　　　　　 └── 의창군
　　　　　　　　　　　　　　　　　　　　│ 소현세자
　　　　　　　　　　　　　　　　　　　　│ **17대 효종** : 인선왕후 장씨
　　　　　　　　　　　　　　　　　　　　│ 인평대군
　　　　　　　　　　　　　　　　　　　　│ 용성대군 │ **18대 현종** : 명성왕후 김씨
　　　　　　　　　　　　　　　　　　　　　　　　　│ **19대 숙종** : 인경왕후 김씨
　　　　　　　　　　　　　　　　　　　　　　　　　　　　　　　: 인현왕후 민씨
　　　　　　　　　　　　　　　　　　　　　　　　　　　　　　　: 인원왕후 김씨
　　　　　　　　　　　　　　　　　　　　　　　　　　　　　　　: 희빈 장씨 ── **20대 경종**
　　　　　　　　　　　　　　　　　　　　　　　　　　　　　　　: 숙빈 최씨 ── **21대 영조**

21대 영조 : 정성왕후 서씨
　　　　 : 정순왕후 김씨
　　　　 : 정빈 이씨 ── 효장세자(진종)
　　　　 : 영빈 이씨 ── 사도세자 : 혜빈 홍씨 ── **22대 정조** : 효의왕후 김씨
　　　　　　　　　　　(장조)　　　　　　　　　　　　 : 의빈 성씨 ── 문효세자
　　　　　　　　　　　　　　　　　　　　　　　　　　 : 수빈 박씨 ── **23대 순조** : 순원왕후 김씨
　　　　　　　　　　　　　　　　　　　　　　　　　　　　　　　　　　　　　　│ 효명세자(익종) : 신정왕후 조씨
　　　　 : 숙빈 임씨 ┬── 은언군 ── 전계대원군 ── **25대 철종**　　　│ **24대 헌종**
　　　　　　　　　 └── 은신군 ── 남연군 ── 흥선대원군 : 여흥 부대부인 민씨
　　　　 : 경빈 박씨 ── 은전군　　　　　　　　　　　　　　│ **26대 고종**

26대 고종 : 명성황후 민씨 ── **27대 순종** : 순명효황후 민씨
　　　　　　　　　　　　　　　　　　　　　　 : 순정효황후 윤씨
　　　　 : 귀인 엄씨 ──── 영친왕
　　　　 : 귀인 이씨 ──── 완친왕
　　　　 : 귀인 장씨 ──── 의친왕
　　　　 : 귀인 정씨 ──── 우
　　　　 : 귀인 양씨 ──── 덕혜옹주

조선왕조 가계도 341

참고문헌

인터넷
서울대학교규장각한국학연구원, http://e-kyujanggak.snu.ac.kr/
조선왕조실록, http://sillok.history.go.kr/
승정원일기, http://sjw.history.go.kr/
위키백과, http://ko.wikipedia.org/
한국 브리태니커 온라인, http:// preview.britannica.co.kr/
한국 고전번역원(전민족문화추진회), http://www.minchu.or.kr/itkc/Index.jsp

단행본
강경선 외, 《이야기가 있는 경복궁나들이》, 역사넷, 2000
국립문화재연구소, 《학술조사보고 19책, 경복궁 태원전지》, 한국문화재보호재단, 1998
《국립중앙박물관소장 유리건판, 궁궐》, 국립중앙박물관, 2007
《궁궐지 1 : 경복궁, 창덕궁》, 서울학연구소, 1994
《궁궐지 2 : 창경궁, 경희궁, 도성지》, 서울학연구소, 1994
《궁궐지》, 서울특별시사편찬위원회, 제2판, 2000
《길상》, 국립중앙박물관, 2012
김동현, 《서울의 궁궐건축》, 시공사, 2002
김문식·신병주, 《조선왕실 기록문화의 꽃, 의궤》, 돌베개, 2005
김영모, 《알기 쉬운 전통조경시설 사전》, 동녘, 2012
김영상, 《서울육백년》, 한국일보사, 1990
김왕직, 《알기 쉬운 한국건축용어 사전》, 동녘, 2007
김재원, 《경복궁 야화》, 탐구당, 2000
문화재청, 《궁궐의 현판과 주련 1 : 경복궁》, 수류산방, 2007
문화재청, 《조선의 궁궐과 종묘》, 눌와, 2010
문화재청, 《수난의 문화재》, 눌와, 2009
문화재청, 《한국의 세계유산》, 눌와, 2007
박상진, 《궁궐의 우리나무》, 눌와, 2001

박영규, 《한권으로 읽는 조선왕조실록》, 들녘, 1996
박홍갑, 《하늘 위에는 사관이 있소이다》, 가람기획, 1999
서울특별시사편찬위원회, 《서울의 문화재》, 2003 · 2011
서울특별시사편찬위원회, 《서울육백년사》, 문화사적편, 1987
신명호, 《조선의 왕》, 가람기획, 1998
신명호, 《조선왕실의 의례와 생활 : 궁중문화》, 돌베개, 2002
신응수, 《궁궐의 현판과 주련 1 : 경복궁 근정전 중수기, 경복궁 근정전》, 현암사, 2005
유본예 · 권태익 역, 《한경지략》, 탐구당, 1975
윤장섭, 《한국건축사》, 동명사, 1981
이순우, 《그들은 정말 조선을 사랑했을까》, 하늘재, 2005
장헌덕, 《목조건축의 구성》, 한국문화재보호재단, 2006
정연식, 《일상으로 본 조선시대 이야기》, 청년사, 2001
정재훈 외, 《소쇄원》, 대원사, 2002
《창덕궁 육백년》, 문화재청 창덕궁관리소, 2005
최종덕, 《조선의 참궁궐 창덕궁》, 눌와, 2006
허균, 《전통미술의 소재와 상징》, 교보문고, 2001
홍순민, 《우리 궁궐이야기》, 청년사, 1999

학위 논문
장영기, 《조선시대 궁궐장식기와의 기원과 의미》, 국민대학교대학원 석사학위논문, 2004
홍순민, 《조선왕조 궁궐경영과 양궐체제의 변천》, 서울대학교대학원 박사학위논문, 1996